Thomas Chatterton Williams
Selbstporträt in Schwarz und Weiß

Thomas Chatterton Williams ist Kulturkritiker und Autor, er schreibt für das *New York Times Magazine*, *The New Yorker* und ist Kolumnist beim *Harper's Magazine*. Er hat den Berlin Prize erhalten und ist Board Member der American Academy in Berlin und des Einstein Forum. Er lebt mit seiner Frau und seinen zwei Kindern in Paris.

Titel der Originalausgabe: »Self-Portrait in Black and White. Unlearning race«.

Edition
TIAMAT
Deutsche Erstveröffentlichung
1. Auflage: Berlin 2021
© Verlag Klaus Bittermann
www.edition-tiamat.de
Druck: cpi books
Buchcovergestaltung: Felder Kölnberlin Grafikdesign
Coverfoto: © Christopher Anderson
Magnum Photos /Agentur Focus
ISBN: 978-3-89320-270-6

Thomas Chatterton Williams

Selbstporträt in Schwarz und Weiß

Unlearning Race

**Aus dem Englischen übersetzt
von Dominik Fehrmann**

**Critica
Diabolis
288**

**Edition
TIAMAT**

Für Marlow und Saul, die mich neue
Sichtweisen gelehrt haben

»Man hatte sich an die Dinge zu halten, auf die es ankam. Auf den Toten kam es an, auf das neue Leben kam es an; aber Schwarz und Weiß: darauf kam es nicht an. Zu glauben, dass es darauf ankäme, hieße, in den eigenen Untergang einwilligen.«

James Baldwin, *Schwarz und Weiß*

»Warum Zeit damit vertun, ein Gewissen für etwas zu schaffen, was es nicht gibt? Denn, sehen Sie, Blut und Haut denken nicht!«

Ralph Ellison, *Der unsichtbare Mann*

Inhalt

Anmerkung des Autors

In diesem Buch bemühe ich mich, Ausdrücke wie
»weiß«, »schwarz«, »mixed-raced«, »biracial«, »Asian«,
»Latino«, »monoracial« (und ihre Synonyme) infrage zu
stellen und zurückzuweisen. Dementsprechend habe ich
sie oft in Anführungszeichen gesetzt. Um der Lesbarkeit
willen habe ich aber auch unsere sprachlichen Konventionen der Beschreibung berücksichtigt und Menschen
manchmal auf herkömmliche Weise bezeichnet. Wenn ich
jene Ausdrücke ohne Anführungszeichen verwende –
wenn ich zum Beispiel von einer schwarzen Mitschülerin
oder einem weißen Polizisten rede –, dann deshalb, weil
diese Menschen sich selbst so bezeichnen oder so bezeichnet werden. Es bedeutet nicht, dass ich diese Ausdrücke für hilfreich, zutreffend oder wahr hielte.

Außerdem habe ich die Namen und Beschreibungen bestimmter Personen geändert, die bei unseren Begegnungen nicht wissen konnten, dass sie es mit einem Memoi-
renschreiber zu tun haben. [1]

---

1 Da das deutsche Wort »Rasse« eine deutlich negativere, weil stark
biologische Konnotation hat und aus historischen Gründen andere
Assoziationen weckt als das englische Wort »race«, wurde letzteres in
der deutschen Übersetzung beibehalten, wenn es sich auf das spezi-
fisch US-amerikanische Phänomen bezieht. Das gilt auch für die
meisten von »race« abgeleiteten Ausdrücke. A.d.Ü.

Prolog

Im Oktober 2013, nach einem späten Abendessen mit amerikanischen Freunden, platzte die Fruchtblase meiner Frau. Leicht benommen vor Euphorie taten Valentine und ich, was wir seit Wochen geplant hatten, und weckten Steve, den Freund ihrer Schwester, der uns tapfer den weiten Weg von unserer Wohnung im 9. Arrondissement im Pariser Norden zur Entbindungsklinik am südlichen Stadtrand fuhr. Gegen zwei Uhr morgens hatten wir die Straßen praktisch für uns allein, und die Route, die Steve nahm, war atemberaubend: von unserer Wohnung den Hügel hinab, vorbei am Gold und grünspanigen Kupfer der Oper, durch den prachtvollen Innenhof des Louvre mit seinen Glaspyramiden und akkuraten Gärten, über die Seine, links aufragend Notre Dame und rechts das Grand Palais und der Eiffelturm, dann die belaubten Boulevards Saint-Germain und Raspail entlang, hinein nach Montparnasse und über die von der Leuchtreklame mehrerer Cafés erhellte Kreuzung, die man aus Hemingways *Ein Fest fürs Leben* kennt.

Ich bin mir der Schönheit oder auch nur der Besonderheit von Paris nicht ständig bewusst. Doch als ich die Stadt in jener Nacht am Fenster vorbeirauschen sah, wurde mir plötzlich klar, dass sie – die bei aller Herrlichkeit nicht die meine ist – die Heimatstadt meiner Tochter sein würde. Es vergingen weitere 24 Stunden, bis Marlow zur Welt kam. Als bei Valentine endlich die Wehen einsetzten, war ich vor Müdigkeit wie betäubt und zu keinem klaren Gedanken mehr fähig. Nur pure Emotion hielt mich noch wach. Beim vierten oder fünften Pressen schnappte ich einen Fetzen des wahnsinnig schnellen Französischs der Ärztin auf: irgendwas, irgendwas, irgendwas, »*tête dorée* …« Mein träges Hirn brauchte einen Moment, um die Laute zu verarbeiten. Dann wurde mir schlagartig klar, dass sie den Kopf meiner Tochter sah und uns mitteilte, dass sie *blond* sei. Alles Weitere sind neblige Erinnerungen. Ich erblickte eine Schale mit Plazenta, hörte einen allerersten Schrei und fiel fast in Ohnmacht. Die Schwester eilte mit meinem Kind aus dem Raum, die Ärztin kümmerte sich um meine Frau, und mir blieb nur, durch den leeren Flur zu irren, bis ich die Herrentoilette gefunden hatte, wo ich mich einschloss und heulte wie alle anderen Neugeborenen auf der Station. Abgesehen von den üblichen Einsichten – in eine neue und beängstigende Verantwortung, ins Älterwerden – dämmerte mir auch, dass meine eigene Identität, was immer sie bisher gewesen war, ab jetzt eine andere sein würde. Als ich schließlich mit gewaschenem Gesicht ins Zimmer zurückkam, um meine Tochter kennenzulernen, saugte man ihr gerade Fruchtwasser aus dem Bauch. Ich setzte mich ans Bett meiner Frau und musste hilflos zusehen, wie sich unser Kind ins Leben kämpfte. Als sie schließlich außer Gefahr und ruhig war, reichte die Schwester sie uns. Blinzelnd öffneten sich zwei nachtblaue Augen, von denen ich da schon wusste, dass sie noch deutlich heller werden würden, aber niemals braun. Dieses kostbare, nach Milch und Brust verlangende Wesen ließ etwas in mir pochen, das seither jede Minute in mir pocht: die innigste Liebe, die ich kenne. Gleichzeitig durchzuckte mich, um ehrlich zu sein, so etwas wie Todesangst. *Was hast du bloß getan?*, fragte die Stimme meines Über-Ichs oder einer noch strengeren Instanz aus der Tiefe meiner Vernunft. *Was hast du bloß getan!* Ich gebot der Stimme zu schweigen. Eine gute Stunde später, als Valentine und das Baby in nächtlichen Schlaf gefallen waren, sackte ich in den Sitz eines Taxis, und geistesabwesend fuhren meine braunen Augen jene schöne, irgendwie fremde Strecke noch einmal in umgekehrter Richtung ab.

Mein Leben lang habe ich aufrichtig an den uramerikanischen Spruch geglaubt, ein einziger »Tropfen schwarzen Bluts« *mache* eine Person »schwarz«, vor allem deshalb, weil sie damit auf keinen Fall »weiß« sein kann. Ich sage »uramerikanisch«, weil das andernorts anders ist. In Brasilien zum Beispiel *macht* ein Tropfen »weißen Bluts« einen Menschen *nicht*-schwarz.[2] Bevor meine Tochter Marlow in jener Nacht zur Welt kam, hegte ich nicht den geringsten Zweifel, dass meine Kinder, wenn ich welche hätte, wie ich »schwarz« sein würden. Sie würden *mixedrace* sein, ja, aber das ist für uns alle, deren Wurzeln weit genug zurückreichen, nur etwas Graduelles. Für mich jedenfalls wären sie so schwarz wie Frederick Douglass

---

2 Es gibt ein faszinierendes Gemälde von 1895 mit dem Titel *Die Erlösung Hams*, das die staatlich geförderte koloniale Praxis des *blanqueamíento* thematisiert. Diese »Aufweißung« durch Zwangsehen zwischen dunkelhäutigen Brasilianern und europäischen Einwanderern hellerer Hautfarbe sollte die Spuren Afrikas »im Strudel der weißen Rasse verschwinden lassen«. Auf dem Bild steht eine dunkelhäutige Großmutter neben einer jungen *mixed-race* Mutter, einem weißen Vater und einem weiß aussehenden Kind, und preist mit erhobenen Händen Gott. In jüngerer Vergangenheit, nämlich 2010, wurde Neymar da Silva Santos Júnior, der braunhäutige, kraushaarige Fußballstar, Sohn eines schwarzen Vaters und einer weißen Mutter, gefragt, ob er je Rassismus erfahren habe. »Nie. Weder auf dem Platz, noch außerhalb«, so seine bemerkenswerte Antwort. »Aber ich bin ja auch nicht schwarz.«

oder W. E. B. Du Bois, Lenny Kravitz oder Halle Berry. Schwarzsein als Entweder-oder war für mein Selbstverständnis so elementar, dass ich das dahinterstehende Denken nie ernsthaft hinterfragt hatte. Mein Vater, den wir in Anspielung auf seine Südstaaten-Wurzeln Pappy nennen, ist ein rotbrauner Mann. Trotz Sommersprossen unter den Augen und einer markanten und, wie meine Mutter neckend sagt, »indianischen« Nase, ist er stets nur als »schwarz« bezeichnet worden. Seine äußere Erscheinung in Verbindung mit seiner starken Persönlichkeit ließen mich annehmen, er werde die Identität der Familie Williams für alle Zeit bestimmen, auch wenn meine Mutter eindeutig eine Weiße ist: blond, blauäugig und mit einem Stammbaum aus lauter nordeuropäischen Protestanten.

Als mein Vater ein Baby war, gab es dort, wo er lebte, noch Pferdewagen und Plumpsklos. Das war in den 1930er-Jahren in Galveston, Texas, einer schmalen Insel im Golf von Mexiko mit dem unrühmlichen Ruf, der letzte Ort in den USA gewesen zu sein, an dem die Sklaven befreit wurden, gut zweieinhalb Jahre nach Lincolns Emanzipationserklärung. Pappy, dessen Großvater noch im letzten Jahr der Besitzsklaverei geboren worden war, hatte nie viel Geld besessen. Doch dank einer Ausbildung konnte er gleich mehrere Generationen überspringen und uns jenes Mittelschichtsleben bieten, das mein Bruder und ich für normal hielten. Als ich 1981 in New Jersey zur Welt kam, hatte mein Vater faktisch alle schwarzen Südstaaten-Wurzeln unserer Familie gekappt. Mein Bruder und ich wuchsen in einem kleinen Haus voller Bücher auf, bei liebevollen und fürsorglichen Eltern, die von anderswoher stammten und nur wenige Fotos oder sonstige Zeugnisse ihrer Vergangenheit aufbewahrten. Individualität, Bildung und Selbstverwirklichung waren ihnen wichtiger als Stammbäume und Zugehörigkeit zu einer

Sippe. Mir fehlten damals noch die Ausdrücke dafür, aber was meine Eltern von meinen polnischen, italienischen, puerto-ricanischen und schwarzen, irischen und katholischen Nachbarn und Mitschülern unterschied, war, wie sehr sie sich jedem Stammesdenken verweigerten. Wir gehörten keiner Gruppe an. Meine Mutter ist gläubige Christin, aber ihr Glaube war Privatsache, und erst nachdem mein Bruder und ich aus dem Haus waren, besuchte sie wieder Gottesdienste. Wir gingen zwar auf katholische Schulen, aber nur, damit wir aus unserer kleinen Heimatstadt herauskamen. Den Besuch der Heiligen Messe verboten uns unsere Eltern. Jeden Dienstagmorgen, wenn die ganze Schule über die Straße zur Kirche ging, saßen wir mit den Sekretärinnen im Foyer und schmökerten in unseren Büchern und Zeitschriften – eine frühe, harte und unbezahlbare Lektion im Ausbilden der Gewohnheit, sich abseits zu halten.

Auch im weltlichen Leben hielten wir uns abseits. Pappy hat eine angeborene Allergie gegen den vorsätzlichen Snobismus schwarzer Wohlfahrtsorganisationen wie *Jack and Jill of America*. Auch mit deren weißen Pendants wollten er und meine Mutter nichts zu tun haben. Zu viert bildeten wir eine Insel in unserer faktisch segregierten Kleinstadt, in deren weißem Teil wir lebten, aus stillem Protest gegen die Versuche mehrerer Immobilienmakler, uns auf die andere Seite ihrer unsichtbaren, aber nur allzu realen roten Linie zu bugsieren. Doch aller Eigensinnigkeit zum Trotz stand nie infrage, dass wir ein *schwarzer* Haushalt waren. Halb im Scherz sagte mein Vater manchmal sogar, seine Frau sei in Wirklichkeit gar keine Weiße, sondern einfach nur »hellhäutig«. Einmal, als ich vielleicht zehn war, fragte ich nach. »Hör mal«, sagte ich, »das glaubst du doch nicht wirklich, oder?« »Na, sie hat doch ein schwarzes Bewusstsein, oder etwa nicht?«, antwortete er nur. Erst jetzt, als Erwachsener, wird mir klar, dass es einen solchen Dialog nur in den USA und nirgendwo sonst auf der Welt geben konnte. Damals aber leuchtete es mir irgendwie ein. Auf jeden Fall weiß ich, dass meine Eltern meinen Bruder und mich bestmöglich auf die Wirklichkeit jenseits unserer Türschwelle vorbereiten wollten, indem sie sich selbstbewusst und stolz zu unserem Schwarzsein bekannten, damit wir, wenn die Welt unweigerlich von uns verlangen würde, Stellung zu beziehen, dasselbe täten.

Jenseits unserer Türschwelle musste ich allerdings von klein auf feststellen, dass andere Menschen beharrlich Unterschiede zwischen mir und meiner Mutter sahen. Trotz ihres »schwarzen Bewusstseins«. In meiner frühesten Erinnerung an diese Diskrepanz stehen wir in einem ShopRite-Supermarkt in der Kassenschlange. Ich muss vier Jahre alt gewesen sein und mit meinem Bruder irgendwelche Faxen gemacht haben. Mom, die gerade ihr Kleingeld und ihre Rabattmarken abzuzählen versuchte, fuhr herum und ermahnte uns, still zu sein. Nach dieser Schelte beugte sich eine ältere weiße Dame, die das Ganze beobachtet hatte, vor und sagte allen Ernstes: »Es muss ja so schwer sein, solche Ghetto-Kinder zu adoptieren.«

In den 1980er-Jahren und noch bis weit in die 1990er ernteten wir als Familie mal irritierte, mal böse Blicke, wenn wir auswärts essen gingen – und das in einer Gegend von New Jersey, die im Einzugsgebiet von Manhattan liegt. Und obwohl ich eine Menge »schwarzer« Kinder verschiedenster Hauttöne und Haarstrukturen kannte, war mir vor meinem Studienbeginn an der Georgetown University 1999 niemand bekannt, der sich als »*biracial*« bezeichnete. Bis zur Jahrtausendwende gab es bei Volkszählungen nicht einmal die Möglichkeit, mehr als eine *race* anzugeben. Will sagen: Ich bin alt genug, um zu verstehen, warum auch viele Schwarze auf die Zeiten der Segregation noch immer mit einer gewissen Nostalgie zurückblicken. Denn Einigkeit und Akzeptanz vermitteln ein Gefühl von Sicherheit und Geborgenheit, selbst wenn diese Einigkeit auf künstlichen und teils widersinnigen Abgrenzungen beruht.

2012, ein Jahr bevor Valentine schwanger wurde, veröffentlichte ich in der *New York Times* einen Essay, in dem ich meine künftigen Kinder für unzweifelhaft schwarz erklärte. Im Nachhinein erkenne ich darin ein letztes trotziges Aufbäumen von irgendetwas – einer bestimmten Sicht auf die Welt, von der ich insgeheim wohl wusste, dass sie kaum noch aufrechtzuerhalten war. Damals aber glaubte ich, Recht zu haben, und brachte sogar meine Frau dazu, meine Ansicht zu teilen, was ihrem europäischen Denken völlig zuwiderlief. Heute zucke ich zusammen, wenn ich den Artikel lese. Klar, Elternschaft verändert jeden, aber rückblickend kann ich ohne Übertreibung sagen, dass ich den Kreißsaal als *ein* Mensch betrat und ihn als ein völlig *anderer* verließ. Der Anblick dieses blonden, blauäugigen und unglaublich hellhäutigen Kindes, von dem ich ja zweifelsfrei wusste, dass es *mein* Kind war, schockierte mich. Auf einer zutiefst irrationalen Bewusstseinsebene fürchtete ich wohl, ein moderner Ödipus zu sein, der metaphorisch mit seiner weißen Mutter geschlafen und seinen schwarzen Vater umgebracht hatte.

Marlows Aussehen hatte mir die Absurdität meiner früheren »Ein-Tropfen«-Auffassung vor Augen geführt. Wenn ich meine Tochter heute ansehe, sehe ich eine weitere Facette von mir. Ich sehe mein eigenes, einzigartiges Kind. Aber ich weiß auch, dass die meisten Menschen, denen sie künftig begegnet, sie als »weiß« bezeichnen werden und wollen. Und ich kann nicht umhin mich zu fragen, ob ich meiner Familie etwas eingebrockt habe, dessen Auswirkungen mir in meinem Leben vielleicht nie ganz klar werden.

Am Tag nach Marlows Geburt brachte mich Nicholas, mein jovialer Schwiegervater, ins nächstgelegene Rathaus, damit ich meine Tochter anmelden und ihren Namen angeben konnte. In Frankreich muss diese Formalität innerhalb von drei Tagen nach der Geburt erledigt werden, was sie praktisch zu einem väterlichen Vorrecht macht. Im Scherz sagte Nic, das sei nun die Chance, dem Kind jeden mir gefälligen Namen zu geben. Ob ich es mir nicht noch mal überlegen wolle. Ich erinnerte mich, dass auf genau diese Weise Steve zu *Steve* statt zu Marc geworden war, als sein Vater im Rathaus einen Kreativitätsanfall hatte, während seine Mutter noch im Bett lag und sich erholte. Und ich war tatsächlich in Versuchung. Ein Teil von mir wünschte, auf das blaue Formular der *République Française* »Jemima« oder gar »Shaniq'wa« zu kritzeln. Einen Namen wie ein Mittelfinger, gerichtet gegen das Anstandsgefühl der schwarzen Mittelschicht, zugleich eine Subversion jeden Anscheins von Weißsein, eine nicht unkomische Art der Wiederaneignung – wenn nicht gar der Transzendenz – eines fortbestehenden ethnischen Stigmas. Als Valentine schwanger geworden war, hatte ich diese Idee einmal halb im Ernst in den Raum gestellt, aber schnell wieder fallengelassen, nachdem Valentine erklärt hatte, das sei auf unverantwortliche Weise manipulativ. Nun aber hatte die Hautfarbe unseres Babys meine rebellischen Geister wiedererweckt. Doch das Leben eines Kindes ist keine sarkastische oder gar politische Geste. Sorgfältig schrieb ich »Marlow« in das Feld für *prénom*, ganz wie wir es vereinbart hatten. Diese

Vereinbarung ging auf unsere gemeinsame Begeisterung für die HBO-Serie *The Wire* zurück, aber auch auf die pragmatische Notwendigkeit, eine Silbenkombination zu finden, die sich auf Englisch wie auf Französisch aussprechen lässt. Nicht alle Franzosen haben einen zweiten Vornamen, aber ich fand, Marlow sollte einen bekommen und zwar einen mit stammesgeschichtlicher Bedeutung. Also schrieb ich noch »Cora« hin, den Vornamen der geliebten Großmutter meines Vaters, die als eine der ersten ihrer Generation nach der Emanzipationserklärung geboren wurde. Erst später gab man mir zu bedenken, dass »Cora« auch der Name einer französischen Kaufhaus-Kette ist und in den Ohren der meisten Franzosen nach »Walmart« klingt. Es war die erste von vielen Lektionen, die mich lehrten, dass sich bestimmte Bedeutungen zwischen den verschiedenen Wirklichkeiten, die Marlow künftig unter einen Hut bringen muss, nicht übertragen lassen.

Der französische Staat gewährte Valentine großzügige sechs Tage und Nächte in einem Einzelzimmer, bevor wir unsere Tochter in Decken wickelten und nach Hause fuhren. Ich hatte mir Gedanken darüber gemacht, welches allererste Lied sie auf dieser Fahrt zu hören bekommen sollte – ein erster elterlicher Versuch kultureller Indoktrination –, und entschied mich schließlich für »Mushaboom« von Feist. *And we'll collect the moments one by one*, tönte ihre zarte Stimme im Auto. *I guess that's how the future's done.* Es ist alles andere als ein schwarzer Song, und auch das hatte mir Unbehagen bereitet. Wieder war da diese innere Stimme gewesen. *Hey, was spricht denn gegen Stevie Wonder?* Aber Unbehagen war nur ein Bruchteil dessen, was ich fühlte. Jeder Augenblick mit Marlow ließ die bohrenden Fragen und dämlichen Befürchtungen irrelevanter werden. »Ach, mein Sohn«, sagte Pappy schmunzelnd, als er mit meiner Mutter wenige Wochen später zu Besuch war und Marlow zum ersten Mal in den Armen wiegte. »Sie ist einfach ein *Palomino*!« Ich empfand – und empfinde – seine Art der Selbstsicherheit als ungemein tröstlich. Zu seiner Zeit waren Schwarze mit texanischem Vokabular selten um Worte verlegen, wenn es galt, die unterschiedlichsten Mischungen zu bezeichnen. (Viele dieser eigenartigen Ausdrücke stammen aus der Welt der Pferdezucht und klingen heute ziemlich schräg.) Ich jedenfalls musste erst mein iPhone zücken und »Palomino« googeln (»ein goldgelbes oder lohfarbenes Pferd mit weißer Mähne und Schweif, das traditionell im Südwesten der USA gezüchtet wird«). Ausdrücke wie »*high-yellow*« oder »*mulatto*« kenne ich dagegen noch aus meiner Kindheit, und zumindest in meinem Elternhaus verwendete man auch die heute unzeitgemäßen und belasteten Bezeichnungen »*quadroon*« und »*octoroon*«.[3]

Was für bizarre Wörter das sind. Und was für eine schlichte, überschaubare Wirklichkeit sie abbilden sollten. All diese raffinierten, rätselhaften Bezeichnungen zeugen letztlich davon, dass die blauäugige, blonde Marlow vor noch nicht allzu langer Zeit – hätte sie damals nicht mit ihrer Familie gebrochen und versucht, als »Weiße« durchzugehen – in diesem Land genau wie wir anderen entrechtet und geknechtet worden wäre. Und dass sie natürlich qua Geburt auch die Weisheit, Disziplin und Stilsicherheit der amerikanischen Schwarzen beses-

---

3 Der Ausdruck »quadroon« bezeichnete eine Person, deren Großeltern zu einem Viertel afrikanischer und zu drei Vierteln europäischer Herkunft waren; »oktoroon« entsprechend eine Person, bei denen dieses Verhältnis ein Achtel zu sieben Achtel betrug. A.d.Ü.

sen hätte. Es gab also lange Zeit etwas, das als mehr oder weniger echte und gemeinsame schwarze Erfahrung galt. Diese kannte durchaus schlimme Not, aber eben auch tiefe Befriedigung und hatte nichts oder kaum etwas mit genetischen Markern zu tun. Zwar zeigt sich die Absurdität von *race* an den Rändern am deutlichsten, doch wäre meine Tochter in den früheren Sklaven-Staaten gar nicht als randständig betrachtet worden, wo »Hypodeszenz«-Theorien besonders hoch im Kurs standen und jemand noch mit einem Zweiunddreißigstel »schwarzen Bluts« laut Gesetz als »farbig« galt. Womit ich sagen will, dass es für Menschen wie Marlow – bei aller Grausamkeit der sogenannten Ein-Tropfen-Gesetze – bis vor kurzem noch einen festen Platz in jenem Spektrum gab, das vom Begriff *American Negro* abgedeckt wurde.

Doch dieser Drang zu bedingungsloser Inklusion (als völlig berechtigte und bewundernswerte Reaktion auf Exklusion) wird immer schwächer. Dieser Drang zu bedingungsloser Inklusion (als völlig berechtigte und bewundernswerte Reaktion auf Exklusion) wird schwächer; Wörter für Menschen wie meine Tochter und auch mich verschwinden allmählich aus der Volkssprache, werden dorthin verbannt, wo schon Ausdrücke wie »*Negro*« ihren Lebensabend fristen. Was weniger daran liegt, dass Schwarze auf einmal vergessen, wie vielfältig ihre Herkunft ist[4], als daran, dass »Weiß« und »Nicht-Schwarz« im

---

4 Obwohl etwas dieser Art gewiss auch eine Rolle spielt. »Aus meiner eigenen Sicht kann ich sagen, dass rassistisch aufgeladene historische Momente wie der gegenwärtige die stets vorhandenen Verwicklungen in meinem Erleben noch verstärken, bis es sich anfühlt, als könnte es so unmöglich weitergehen«, schrieb Zadie Smith 2017 in ihrem *Harper's*-Essay »Getting In and Out« über den Anblick von Open Casket, einem bei der Whitney Bienniel ausgestellten Gemälde der weißen US-Künstlerin Dana Schutz, das den gelynchten schwarzen Teenager

Sinne von *mixed-race* zu immer weniger exklusiven Kategorien werden. In Zeiten, in denen mehr als ein Drittel aller US-Amerikaner erklärt, mindestens ein Familienmitglied habe eine andere *race*, und in denen man (seit dem Jahr 2000) bei der Volkszählung jede Kombination von *race* angeben kann, franst die Vorstellung, die amerikanischen Schwarzen seien eine aus allerlei Mischlingen bestehende Bevölkerungsgruppe, an den Rändern aus.[5]

Emmett Till zeigt. »Man entwickelt eine große Sehnsucht nach absoluter Klarheit: privat, genetisch, politisch. Ich stand vor Dana Schutz' Bild und dachte mir, wie kathartisch es wäre, wenn mich dieses Bild wütend machen würde. Doch so nahe kam es mir gar nicht, weder als Darstellung noch als Aneignung.« Kurz nachdem Smith diesen Text veröffentlicht hatte, wurde ihre eigene Vertrauenswürdigkeit in Sachen race infrage gestellt, auch deshalb, weil sie Zweifel an dem absolutistischen Verständnis von *race* einer anderen »*biracial*« Britin geäußert hatte, einer Künstlerin namens Hannah Black, die einen viel beachteten Brief publizierte, in dem sie das Whitney Museum aufforderte, Open Casket abzuhängen und zu zerstören. »[I]ch finde die Diskussion über Aneignung und Darstellung in keiner Hinsicht banal«, betonte Smith, um dann darauf hinzuweisen, dass Blacks essentialistische Logik jedem Südstaaten-Plantagenbesitzer gefallen hätte. »Ist Hannah Black schwarz genug, um so einen Brief zu schreiben«, fragte sie. »Sind meine Kinder zu weiß, um sich mit dem Leid der Schwarzen zu beschäftigen? Wie schwarz ist schwarz genug? Zählen ›Terzeronen‹ noch?« Smiths Essay »hätte besser den Titel ›Werden meine *mixed-race* Kinder schwarz genug für Amerika sein‹ gehabt«, witzelte eine Autorin auf Medium. Eine weitere, Morgan Jenkins, kommentierte den Essay ausführlich auf Twitter. »Schwarzer Schmerz ist keine intellektuelle Übung«, schrieb sie, »Gelebte Erfahrungen entziehen sich oft dem Diskurs. Es ist nicht immer sinnvoll, sie zu rationalisieren.« Und Jenkins warnte: »Seien wir nicht überrascht, wenn Teile dieses Essays in Diskussionen darüber verwendet werden, ob biracial Menschen innerhalb der Bewegung nur ein Platz am Katzentisch zusteht.«

5 Das Pew Research Center schreibt dazu: »Jede US-Volkszählung seit der ersten im Jahr 1790 umfasste Fragen zur race-bezogenen Identität und spiegelte damit die zentrale Bedeutung von race in der amerikanischen Geschichte, von der Ära der Sklaverei bis hin zu aktuellen Überschriften über Racial Profiling und race-bezogener Ungleichheit. Verändert aber hat sich im Laufe der Zeit, wie nach race gefragt und diese klassifiziert wurde, so wie sich auch die Vorstellun-

Vielleicht ist meine Generation die letzte in den USA, die es einfach so hinnimmt, dass die (Un-)Logik einer Einteilung nach *race* alle möglichen äußerlichen Unterschiede ignoriert. Was einer der Gründe dafür ist, dass ich anfangs überrascht war, bei meiner Tochter so viele rezessive Merkmale zu entdecken. Ich sah mich mit einer Wahrheit konfrontiert, die ich vielleicht nicht vergessen, aber doch für eine Weile aus dem Blick verloren hatte: Meine Tochter hat eben nicht nur »diese großen blauen Augen von ihrer Mutter geerbt«, wie es viele wohlmeinende Fremde und Freunde formulieren. Ich dagegen habe im Spiegel trotz meiner recht langen, schmalen Nase und meiner beigen Haut immer nur einen schwarzen Mann sehen können. So, wie ich aufgewachsen bin, noch vor der Jahrtausendwende, wäre es mir nicht im Traum eingefallen, mich als »*biracial*« oder – wie man heute eher sagt – »*multiracial*« zu bezeichnen.

Marlows Leben, das ahnte ich bald, würde sich meinen Begriffsschemata entziehen. Doch Neugeborene benötigen Freude und Zuwendung, keine Beurteilung oder ständige Prüfung, und außerdem gab es so viele dringende und praktische Aufgaben, die unseren Haushalt in diesen ersten, unschuldigen Monaten auf Trab hielten. Es ist daher keine Übertreibung zu sagen, dass ich, wenn-

gen von Politik und Wissenschaft über race verändert haben. Und Bemühungen, die multiracial Bevölkerung statistisch zu erfassen, entwickeln sich ständig weiter. Von 1790 bis 1950 bestimmten Volkszähler die race der von ihnen erfassten Amerikaner, wobei sie entweder betrachteten, wie Personen in ihren Gemeinschaften wahrgenommen wurden, oder das Prinzip des Anteils an »schwarzem Blut« anwendeten. Amerikaner mit multiracial Abstammung wurden entweder einer einzelnen race zugeordnet oder bestimmten Kategorien, die, wie etwa mullatoes, vor allem aus Abstufungen von Schwarz und Weiß bestanden und zur nicht-weißen Bevölkerung gezählt wurden. Ab den 1960er-Jahren konnten Amerikaner ihre race selbst angeben. Seit dem Jahr 2000 können sie dabei mehr als eine auswählen.«

gleich mir das nicht bewusst war, erst später wieder genauer darauf achtete, wie meine Tochter *aussah*.

Als sie ein vier Monate altes flachsblondes Rotbäckchen war, machte ich mit ihr unseren ersten Vater-Tochter-Ausflug. Für mich war es eine große Sache. Ihre Mutter hatte gerade abgestillt und wieder zu arbeiten begonnen und ich noch nie eine so große Verantwortung übernommen. Ausgerüstet mit einer Plüschtasche voller Baby-Krimskrams brachen wir auf, von unserer Wohnung zur Gare Saint-Lazare, wo wir einen Regionalzug nach Deauville bestiegen, ein pittoreskes, im 19. Jahrhundert erblühtes Seebad in der Normandie. Während der zweistündigen Fahrt dösten und aßen wir, und ich betrachtete meine Tochter in elterlicher Ehrfurcht. Noch lernte ich ihr Gesicht kennen, sah darin – bei aller Einzigartigkeit – Grübchen, die von ihrer Mutter zu stammen schienen, ein Paar große lachende Augen, die sie vielleicht von mir hatte, und eine mir neue und ungeheuer betörende Grimasse, die ganz allein die ihre war.

Steve holte uns vom Bahnhof ab. Marlow und ich würden ein paar Tage mit ihm und seinem Sohn Jo-Jo auf dem Land verbringen, damit unsere Frauen etwas Erholung fänden, und wir abends, wenn die Kinder im Bett waren, am Kamin Burgunder-Flaschen seines Vaters leeren konnten. Die perfekte französische Idylle, wenn Sie mich fragen. Steve und seine Familie sind Chocolatiers. Wir zwängten uns in sein Auto und machten auf unserem Weg kurz Halt im Stadtzentrum, um uns ihren neuen Laden anzuschauen. Außerdem wollte er seine Nichte seinen Geschwistern vorstellen, die die Ladeneröffnung beaufsichtigten. Ich nahm meine Tochter auf den Arm und trug sie hinein. Voller Stolz, so als sei Elternschaft ein großes Kunststück, gab ich das Baby in die Runde und genehmigte mir etwas Konfekt.

Zu diesem Zeitpunkt wusste ich schon, dass Marlows recht unzweideutiges Aussehen einige Menschen eher enttäuschte und andere hoch erfreute. Beide Reaktionen behagten mir nicht. Enge Verwandte und Freunde wie Steve, einer der einfühlsamsten Menschen, die ich kenne, haben dafür ein gewisses Gespür. Weshalb es mich wie ein verirrter Ellbogen traf, als seine Schwester, die gewiss nichts Böses im Sinn hatte und wohl nur aussprach, was viele andere dachten, Marlow auf den Arm nahm und mir zurief: »Wow, warst du denn zumindest anwesend, oder hat sich Valentine einfach selbst fortgepflanzt?« Ich lachte, und Steve machte eine diplomatische Bemerkung über charakterliche Ähnlichkeiten, doch als wir wieder ins Auto stiegen, suchte ich in Marlows Gesicht nach Spuren von mir, fand sie auch, und fragte mich, wie alle anderen sie übersehen konnten.

Der Ort, den wir ansteuerten, lag nur eine Viertelstunde vom Anwesen von Valentines Großmutter entfernt, wo wir zwei Jahre zuvor geheiratet hatten. Ich erinnere mich, wie ich vor der Zeremonie mit meinem Vater über das Grundstück geschlendert war, nur wir beide. In seinem Anzug sah er piekfein und stattlich aus. Wir blieben unter einem Apfelbaum stehen, von wo aus man die Karpfenteiche, die angrenzenden Kuhweiden und die vielen kleinen normannischen Wirtschaftsgebäude mit ihren dunklen Balken und weiß verputzten Wänden sah – Lebkuchenhäuschen, die für alle möglichen Dinge stehen, die wir nicht sind. Mein Vater wandte sich mir zu, mit einem liebevollen, aber irgendwie auch ernsten Ausdruck, und sagte: *Mein Sohn, verlier dich nicht.* Er sagte es weder vorwurfsvoll noch streng, vielmehr schien er mich zu beschwören oder gar nicht zu mir zu sprechen, sondern durch mich hindurch zu seinem jüngeren Ich. Ich bin nicht sicher. Kurz darauf wurden wir unterbrochen, und wir haben dieses Gespräch nie fortgesetzt. Doch seine Worte kommen mir immer wieder in den Sinn und werden von Jahr zu Jahr lauter.

Noch wenige Jahre zuvor wäre er nie auf die Idee gekommen, mir so etwas zu sagen. Doch von außen sah mein Leben nun deutlich verändert aus. Aus der Innenperspektive lässt sich dagegen nur schwer sagen, ab welchem Moment das eigene Leben auf das zusteuert, was es einmal sein wird – welches einzelne Erlebnis es noch braucht, um eine bestimmte Identität so zu erschüttern, dass sich eine neue bilden kann. Ich könnte nicht sagen, wann es passierte, aber eines Tages fiel mir auf, dass ich mich ständig in Räumen aufhielt, wo keine andere Seele schwarz war. Manchmal verschwindet, für einen Afroamerikaner sicher ungewöhnlich, *race* aus meinem Erleben und wird etwas rein Geistiges, Abstraktes. Beim täglichen Einkauf, beim Plausch mit der Bäckerin oder beim Aufsagen der wenigen italienischen Sätze, die ich über die Jahre bei meinem freundlichen Gemüsehändler aus Turin aufgeschnappt habe, kann ich meine Kategorisierung als »Schwarzer« völlig vergessen. Es ist eine existenzielle Unbeschwertheit, wie sie mein Vater wohl nie gekannt hat.

Jedenfalls kommt und geht sie. Irgendein innerer Mechanismus reißt mich da meist zurück, und dann ist mir wieder bewusst, dass der Raum weiß ist. Aber ich merke auch, dass ich mich inzwischen in solchen Räumen wohlfühle, obwohl ich mich überhaupt nicht als Weißer empfinde. Dann sehe ich meine Tochter an und denke: Was wird sie in all diesen weißen Räumen, in denen sie aufwächst, über sich selbst zu denken lernen? Wird sie mein stammesgeschichtliches GPS entwickeln oder wird dieses Signal verschwinden? Wäre es überhaupt richtig, meine zum Teil von Schuldgefühlen und Illusionen geprägten

Orientierungsmuster in ihren unbeschwerten Kopf zu verpflanzen?

Als ich bei Steve in der Normandie weilte, machte ich mit meinem Smartphone Dutzende, wenn nicht Hunderte von Fotos von Marlow: wie sie auf meinem Bett schlummert oder wie sie grasende Pferde anstarrt, auf dem Weg zum Strand, nicht weit von der Stelle entfernt, an der ihr Urgroßvater (mein Großvater mütterlicherseits), dem der Gedanke an schwarze Nachkommen nie behagte, 1944 als Sergeant der US-Army im Zuge der Befreiung der deutschen Konzentrationslager angelandet war. (Dieses ausländische Böse erkannte er natürlich als solches und verabscheute es zu Recht, während er das weniger offensichtliche Böse daheim nicht sah und daran sogar teilhatte.) Ich ertappte mich dabei, wie ich die Fotos, die ich von meiner Tochter machte, mit einem Filter bearbeitete, so dass ihr Hautton bräunlicher wurde. Ich löschte Aufnahmen, die zu blass oder überbelichtet aussahen. Unter den vielen Fotos fand ich eines, auf der ihre Haut *ecru* zu sein schien. Das verschickte ich an Freunde. So komisch es sich anfühlte, das Aussehen meiner Tochter zu manipulieren, so erleichtert war ich, einen sichtbaren Beleg dafür zu haben, dass sie im allerweitesten Sinne des Wortes »schwarz« war. Mit diesem Foto, mit meinem trotz aller Irritation devoten Festhalten an der Ein-Tropfen-Regel und mit der Überzeugung, dass Steves französische Familie, wie so viele Nicht-Amerikaner, einfach die umfassendere Wahrheit nicht kannte, erkaufte ich mir weitere Monate an ungeprüftem Leben.

In meiner Wohnung steht ein anderes Foto meiner Tochter, das ich beim Schreiben oft ansehe. Es zeigt sie mit zwanzig Monaten auf einem grünen Sofa in dem Haus, das mein Bruder zum vierzigsten Hochzeitstag meiner Eltern angemietet hatte. Neben ihr sitzt Mila, die zehn Monate alte Tochter meines Bruders, eine entzückende Halbrussin mit der olivfarbenen Haut und den buschigen Augenbrauen ihres Vaters und den dicken blonden Locken und azurblauen Augen ihrer Mutter. Auf dem Foto lächeln die beiden Cousinen einander an. Rechts von Mila hockt, halb verdeckt von dem Teddy, den sie umarmt, die lebensgroße schwarze Babypuppe, die Marlow von meiner Mutter geschenkt bekommen hat. Mit ihren reglosen braunen Augen starrt die Puppe aus der Sofaecke über den Teddy hinweg direkt in mein Objektiv. Der Anblick wirft eine bizarre Frage in mir auf: *Welches von den Babys ist ein* echtes *schwarzes und welches ist künstlich?* Doch wenn ich das Foto länger betrachte, drängt sich eine andere Erinnerung auf: daran, wie wir das ganze Haus mit Musik von Bobby »Blue« Bland und Syl Johnson, John Coltrane und Nina Simone beschallen und diese Klänge Marlow vom Sofa locken und sie zum Rhythmus der Musik begeistert herumhopst. Das ist auch ihre Musik, wenn sie es denn will. Als sie zu nah an die Kellertreppe hopst, springt mein 78-jähriger Vater vom Esstisch auf, wie ein 100-Meter-Läufer aus dem Startblock, als sei sein arthritischer Körper um Jahre jünger und um Kilos leichter. Schneller als Valentine aus der Küche herbeieilen und ich mich überhaupt rühren kann, schnappt er sich seine Enkelin. Er zieht sie zu sich und sie lacht. Sie haben das gleiche Lächeln.

Später an jenem Abend sagt mir Pappy erneut, wie schon damals, als er Marlow in Paris im Arm hielt, dass er zwischen dem Aussehen dieser kleinen Mädchen und dem, was man gemeinhin »schwarz« nennt, keinen Widerspruch erkennen könne. Einige seiner Klassenkameradinnen auf der segregierten Schule in Texas hätten genauso ausgesehen wie diese Mädchen. »So war es schon immer«, versichert er. »Die Vorstellung vom ›Anderssein‹ ist falsch.« Ob falsch oder nicht: Marlows Geburt und Anwesenheit hat zumindest *mein* Selbstverständnis auf den Kopf gestellt. Und mir eine Ahnung davon vermittelt, wie fließend die Grenzen zwischen *races* sind – etwas, worüber die meisten Menschen, wenn sie nicht gerade auf der schwarzen Seite der Stadt im Jim-Crow-Süden aufgewachsen sind, kaum je nachdenken mussten. Und sei es nur, weil gesellschaftliche Gepflogenheiten die allermeisten von uns von den Rändern fernhalten. Diese Distanz erlaubt uns die Verwendung unscharfer Farbmetaphern, ohne dass wir dabei jene kognitive Dissonanz riskierten, die mit einer Behauptung wie *Mein Vater ist schwarz, aber meine Tochter ist weiß* zwangsläufig einhergeht. Wie sieht denn ein schwarzes Gesicht eigentlich aus? Früher versuchte ich, diese Frage zu beantworten (und wenn ich ehrlich bin, ertappe ich mich auch heute noch manchmal dabei). »Aber jeder Narr sieht doch, dass Weiße nicht wirklich weiß und Schwarze nicht wirklich schwarz sind«, gab der Schriftsteller Albert Murray zu bedenken. Es ist eine so basale und offensichtlich richtige Beobachtung, dass man sie fast nicht ernst nehmen kann – so als erklärte man ständig, die Sonne gehe nicht wirklich auf und unter. Was aber sagt es über uns, dass die sprachlichen Mittel, mit denen wir uns üblicherweise selbst beschreiben, auf Kategorien beruhen, die sich am menschlichen Körper nicht manifestieren und auch gar nicht manifestieren können?

Kategorien seien »vom Geist und nicht von der Natur« gemacht, heißt es bei John Locke. Wie also kann man lernen, sich im Spiegel zu betrachten und zu sehen, was wirklich zu *sehen* ist – ohne das Hintergrundrauschen von Vorurteil und Mythos? Das hinzubekommen, zählt zum Schwierigsten, was ich je versucht habe. Und damit bin ich bestimmt nicht allein. Nach all den Generationen, nach jahrhundertelanger Übung, wissen wir noch immer nicht, wie das geht: sich selbst oder einander sehen und beschreiben. Wir sind von *race* besessen und zugleich völlig verwirrt. Wann immer wir zum Beispiel die Amtszeit von Barack Obama als erste schwarze Präsidentschaft bezeichnen, betreiben wir rhetorische Augenwischerei. Es fällt uns sehr schwer, uns daran zu erinnern, dass er vielmehr der erste Präsident war, der sich offen zu einer halbafrikanischen Abstammung bekannte. Nicht nur, weil diese Formulierung so viel unspektakulärer ist. Sondern auch, weil wir instinktiv in Schubladen denken und nicht wissen – oder trotz der jüngsten Bemühungen der Volkszähler nicht wissen wollen –, wie man einen Menschen gleichzeitig in zwei oder mehr Schubladen steckt.[6] Deshalb bringen wir Amerikaner, und wohl niemand sonst auf der Welt, einen »schwarzen« Präsidenten wie Barack Hussein Obama hervor. Oder »schwarze« Aktivisten wie Jesse Williams, einen blauäugigen Schauspieler aus der Fernsehserie Grey's Anatomy, und den verfemten Football-Spieler Colin Kaepernick. Oder »schwarze« Anführer der schwarzen Bürgerrechtsorganisation NAACP, die praktisch hellhäutig sind, so wie Benjamin Jealous und Walter White. Dessen Beispiel trifft bei

---

6 In einem 2010 erschienenen Artikel der *New York Times* mit der Überschrift »Asked to Declare His Race, Obama Checks ›Black‹« hieß es, »Der Präsident, der auf Hawaii geboren wurde und dort sowie in Indonesien aufwuchs, hatte mehr als ein Dutzend Möglichkeiten, die *race* betreffende Frage 9 zu beantworten. Er entschied sich für ›Black, African Am., or Negro.‹« Aber er »hätte auch ›White‹ oder sowohl ›Black‹ als auch ›White‹ ankreuzen können oder auch die letzte Kategorie auf der Liste, ›some other race‹.« Interessanterweise bezeichnete eine Mehrheit der Amerikaner Obama laut Umfrage des Pew Research Center von 2014 als »*mixed-race*« und nicht als »black«. Allerdings ist unklar, ob die Befragten erstere Kategorie als Teil der letzteren ansahen oder als etwas Verschiedenes.

mir einen Nerv, denn so hellhäutig, blauäugig und blond, wie White war, könnte er die männliche Ausgabe von Marlow sein. »Viele Neger werden als Weiße eingestuft«, schrieb er 1948 in seiner Autobiografie *A Man Called White*. »Jedes Jahr verschwinden rund zwölftausend hellhäutige Neger – Menschen, deren Verschwinden weder durch Tod noch Auswanderung erklärt werden kann.« So war es schon immer, höre ich meinen Vater sagen.

Wir aber denken weiterhin in klar abgegrenzten Schubladen. Allmählich dämmert uns zwar, dass es Menschen gibt, die eigentlich in zwei Schubladen gehören, aber das bestärkt uns paradoxerweise nur in der falschen Gewissheit, für uns Übrige gelte das nicht. Dass die Schubladen, in die wir uns einsortieren, so nicht existieren und nie existiert haben, ist eine Auffassung, zu der wir manchmal vielleicht Lippenbekenntnisse ablegen, die wir im Grunde aber nicht teilen. Wir sind als Nation damit zufrieden, in kollektiver Unaufrichtigkeit zu leben, so wie Sartres kokette Frau auf der Bank. Ganz bewusst missdeuten wir die vorliegende Evidenz und weigern uns, aus ihr die entsprechenden Schlüsse zu ziehen.

»Das Schlimmste, was man mit Worten machen kann, ist, sich ihnen zu unterwerfen.« Es war George Orwell, der das sagte. »*Black*«, »*white*«, »*mixed*«, »*person of colour*«: Wir alle leben mit der Bürde dieser Etiketten, selbst jene von uns, deren Existenz so einer Etikettierung spottet. In der Farblehre gibt es kein Weiß. Es existiert allein in unserer Wahrnehmung der Welt, nicht als Farbe als solche, sondern als Nichtvorhandensein jeglicher Farbe. Auch im wahren Leben wird die gelebte Erfahrung des Weißseins oft als Nichtvorhandensein einer »*race*bezogenen« Identität verstanden. Als jener neutrale Bezugspunkt, zu dem alles andere eine Abweichung darstellt. *Ein einziger Tropfen schwarzen Bluts macht einen*

Menschen schwarz, denn er disqualifiziert ihn, weiß zu sein. Schwarz dagegen ist Farbe in ihrer konzentriertesten Form. Aber auch sie ist bedeutungslos ohne das Vorhandensein von Weiß. »Die Schwärze maschineller Schrift bedeutet nicht, dass die Buchstaben tatsächlich schwarz sind«, merkt der japanische Grafikdesigner Ken'ya Hara an. »Sie erscheinen uns nur schwarz im Kontrast zum weißen Blatt Papier.«

Meiner Tochter erscheine ich nicht schwarz, weil sie noch nicht gelernt hat, in den dafür nötigen Gegensätzen zu denken. Sie ist jetzt vier Jahre alt, und ich sage ihr, dass ich sei, was man »schwarz« nennt, aber das überzeugt sie nicht. »Du bist beige«, sagt sie dann. Sie ist ja nicht farbenblind. Sie erkennt, dass ihr *Papi de Paris*, ihr französischer Großvater, das ist, was man »weiß« nennt – obwohl sie, wenn er etwas Wein getrunken hat, scharfsinnig anmerkt, dass er eigentlich *rose*, als rosafarben sei. Und sie begreift, dass ihr *Papi de New York*, ihr amerikanischer Großvater, »braun« ist, wie sie es auf ihre naive oder kluge Art ausdrückt. Es sind zwei offensichtliche Tatsachen des Lebens, die sie gleichgültig akzeptiert. Sie weiß und akzeptiert auch, dass ihre Mutter als »weiß« bezeichnet wird. Und ich muss annehmen, dass sie sich selbst, wenn sie sich im Spiegel betrachtet und ihre großen blauen Augen und ihre blonde Lockenmähne sieht, ebenfalls für »weiß« hält, egal wie viele *If I Had a Dinosaur*-Bücher ich ihr vorlese, in denen die Hauptfiguren schwarz sind.

Dies sind einige der Gründe dafür, dass ich mir im Herbst 2016 nach jahrelangen Ausflüchten einen DNA-Selbsttest bestellte. Will man über etwas klar sprechen, muss man es zunächst benennen können. Will man über sich selbst sprechen, muss man zunächst eine Vorstellung von Herkunft entwickeln. Dass uns diese Vorstellung fehlt, bedeutet für uns Nachfahren von Sklaven einen gravierenden Verlust an Selbsterkenntnis. Die Erfahrungen der Schwarzen in den US-Südstaaten erinnern an die biblische Sintflut: Wir stolperten von der Arche, ohne eine Ahnung davon, wie die Dinge vorher gewesen waren. Ohne Gentests, so fehlerhaft und unzulänglich sie auch sein mögen, könnten wir nicht mal mit Gewissheit sagen, aus welchem Land, geschweige denn aus welcher Sprach- oder Stammesgemeinschaft wir entwurzelt wurden. In Amerika wurden wir zu etwas völlig Neuem homogenisiert. Aber auch für die hier lebenden Weißen gilt, dass sie irgendwann miteinander verschmolzen und ethnische Trennlinien nicht mehr beachteten. Die Mutter meiner Mutter sprach als Kind mit ihren eingewanderten Eltern in Baltimore noch Deutsch. Als ihre Tochter sich später an den Stränden Südkaliforniens sonnte, verschwendete kaum jemand überhaupt noch einen Gedanken an die Alte Welt.

Ich selbst habe die meiste Zeit meines Lebens in den USA gelebt, dazu neun prägende Jahre in Westeuropa, vor allem in Frankreich, aber auch einige Monate in Argentinien, und bin oft und lange gen Osten gereist, bis nach Moskau und Sankt Petersburg. Jeder dieser Orte hat auf die ein oder andere Weise auf mich abgefärbt, und zwar so sehr, dass mir das New Jersey meiner Jugend wie der fremdeste Ort der Welt vorkommen kann. Aber ich bin noch nie in Afrika gewesen, jedenfalls nicht südlich von Marokko; ich habe noch nie die Wärme jener besonderen Sonne auf meinem Körper gespürt. Diese Zeilen schreibe ich im frostigen Berlin, wo mir ein Fenster meines Laptops das pastellfarbene Tortendiagramm meines geographisch aufgeschlüsselten Erbguts anzeigt. Ich betrachte die farbkodierten Tortenstücke genauer. Das fuchsienfarbige »Subsaharisch«-Segment macht deutlich weniger als die Hälfte aus – 39,9 Prozent der Torte. Und das, obwohl meine mir allgemein zugeschriebene soziale Identität dort ihren Ursprung hat und obwohl auch meine (wie ich der Webseite entnehme) jüngsten nicht-amerikanischen Vorfahren von dort kamen, nämlich irgendwann zwischen 1830 und 1890. Das marineblaue »Europäisch«-Segment dagegen – von dem ich zwar angenommen hatte, dass es existiert, aber irgendwie außerhalb von *mir* – liegt bei 58,7 Prozent, davon fast alles »nordeuropäisch«.

Das Zahlenverhältnis überrascht mich, obwohl ich es hätte besser wissen können. Schon 1970 hatten 24 Prozent der weißen US-Amerikaner (und damit fast doppelt so viele, wie es damals schwarze US-Amerikaner gab) auch afrikanische Vorfahren – oft ohne es zu wissen und oft als Folge davon, dass irgendein listiger Ahne damals dem Joch entkommen war. Doch für die Familie meiner Mutter galt das nicht. Meine Tante hat sich als zu 99,9 Prozent europäisch erwiesen. Vorausgesetzt sie und meine Mutter haben die gleichen Vorfahren, wäre mein Vater zu knapp unter 80 Prozent afrikanischer Herkunft – was zufällig dem Durchschnittswert jener gemischten afroeuropäischen Bevölkerungsgruppe in den USA entspricht, die man als »schwarz« bezeichnet.

Der Test ergab auch, dass ich kein Alzheimer-Gen habe. Darüber bin ich sehr erleichtert, denn ich habe noch meine Großmutter mütterlicherseits vor Augen, der die Demenz so zugesetzt hatte, dass sie, als ich sie bei einem Abendessen in San Diego das letzte Mal sah, verlegen lächelnd zu mir sagte: »Hallo, ich bin Esther.« Sie hatte den Namen ihrer Tochter vergessen, nicht aber das Deutsch, das sie als Kind zu Hause gesprochen hatte. An diesem Teil ihrer Identität hielt sie, zur Verwunderung meiner Mutter, eisern fest. Ich frage mich, welcher Wesenskern mir bliebe, wäre mir ein ähnliches Schicksal beschieden.

Ich schließe das Fenster auf meinem Bildschirm. Ein Tortendiagramm wird mir nicht verraten, wer oder was ich bin. Die Identität meiner Tochter strahlt auf mich ab und verändert mich, nicht nur irgendwann in der Zukunft, sondern schon jetzt in der Gegenwart. Ich wäre ein anderer Mensch, wäre sie Japanerin. Ich wäre selbst dann ein anderer Mensch, wäre sie Puerto-Ricanerin. Ich sehe, wie das Russische meiner Nichte meinen Bruder in Echtzeit verändert, während ich gleichzeitig darüber staune, wie schnell sich meine Schwägerin amerikanisiert. Hat der alte Adel nicht eben deshalb so erbittert für den Fortbestand der Herkunftsgrenzen gekämpft, wissend, dass Menschen form- und wandelbare Wesen sind? Ich möchte behaupten, dass man ähnlich viel von seinen Kindern und Enkeln annimmt, wie man von seinen Eltern und Großeltern in sich trägt.[7] Ich möchte das typisch amerikanische Hautfarbenspiel nicht mehr mitmachen, bei dem man eine Schublade wählen und sich selbst entsprechend definieren muss. Denn es ist ein Spiel. Nicht im Sinne einer Freizeitbeschäftigung, sondern im Sinne der Spieltheorie – ein echtes Gefangenendilemma, in dem wir alle stecken und aus dem wir uns wahrscheinlich nicht befreien können, da die Kombination aus Eigeninteresse und Unkenntnis der Absichten der jeweils anderen fast zwangsläufig zu falschen Entscheidungen führt.

Während das genetische Tortendiagramm noch auf der Innenseite meiner geschlossenen Lider flimmert, be-

---

7 Ein als Warnung gedachter Spruch lautet: »Jude ist heutzutage, wer jüdische Enkel hat.«

schließe ich, das Wagnis einzugehen, all das hinter mir zu lassen. Mir ist sehr wohl klar, dass unsere Lebensumstände weiterhin und vielleicht auf ewig besondere sind. Mir ist auch klar, dass mir persönlich viele Dinge in den Schoß gefallen sind, die erheblich zu meinem Gefühl von Autonomie beigetragen haben. Ich hatte ein liebevolles Zuhause mit zwei Elternteilen und wurde schon früh von einem ungewöhnlich gebildeten Vater zum Lesen und Lernen animiert, wofür man mir auch als Jugendlicher stets die nötige Zeit ließ. Außerdem war ich durch meine Mutter und ihre Familie dem ausgesetzt, was man »Weißsein« nennt, und zwar in einer bereichernden, nicht-konfrontativen Weise, die mich der amerikanischen Kultur gegenüber unbefangen und arglos bleiben ließ.

»Für die meisten Afroamerikaner stellen Weiße eine Kraft dar, die direkt oder indirekt Schlechtes in ihrem Leben verursacht hat«, schrieb Ta-Nehisi Coates 2016 in »My President Was Black«, seinem Essay über Barack Obama. »Für gemischtrassige Schwarze ist das nicht anders«, warnte er, »oft verstärkt es das Problem sogar noch.« Der seltene Vorteil, den Obama genoss, hat für Coates viel damit zu tun, dass »die ersten Weißen, die er kennenlernte, die Menschen, die ihn aufzogen, […] auf eine Weise anständig [waren], wie es nur sehr wenige schwarze Menschen jener Zeit erlebten.« Für mich gilt dasselbe.

Und obwohl sich unsere Gesellschaft seit Obamas Jugend in den 1960er-Jahren und selbst seit meiner in den 1980ern enorm gewandelt hat, ist mir auch bewusst, dass eine solche Darstellung weiterhin einen Nerv trifft und die meisten »Schwarzen« nicht das Gefühl haben, die ihnen zugeschriebene *race* einfach abstreifen oder ignorieren zu können, selbst wenn sie es wollten. Was nicht heißt, dass sie es nicht *sollten*. Und was auch nicht heißt, dass als »weiß« geltende Menschen, die gesellschaftlich immer wieder im Glauben bestärkt werden, sich mit »race« nicht auseinandersetzen zu müssen, sich nicht stärker bewusst machen sollten, auf welche Weise auch ihre »race-bezogene« Identität konstruiert ist, so dass auch sie lernen können, sie bewusst abzulehnen. Im Gegenteil: Es ist von entscheidender Bedeutung, dass sie das tun. Essentialismus – für James Baldwin das Beharren darauf, »dass allein [die eigene] Weise, den Menschen zu erfassen, real ist und nicht transzendiert werden kann« – ist immer eine Flucht vor der Wirklichkeit. Dabei ist es nachrangig, ob dieser Essentialismus bösartiger Intoleranz oder gut gemeintem Antirassismus entspringt. Die wunderbare Wahrheit in ihrer ganzen Komplexität ist, dass wir alle mannigfaltig sind. Reinheit ist immer eine Lüge, wird aber besonders hervorgehoben, wenn die »Mischung« noch ganz frisch ist.

In diesem Buch möchte ich am Beispiel der mehrgenerationalen Transformation meiner Familie von »Schwarz« zu »Weiß« – also am Beispiel meiner eigenen Einsicht in die Fiktion von *race* – untersuchen, wie wir einander sehen und miteinander umgehen können, ohne in die Extreme eines identitären Stammesdenkens oder eines panglossianischen Utopismus zu verfallen. Menschen werden sich in ihrem Aussehen immer unterscheiden, durch Faktoren, die nicht in unserer Macht liegen. Was sehr wohl in unserer Macht liegt, ist, welche Bedeutung wir diesen Unterschieden beimessen.

Menschen in Rassen einzuteilen, ist eine alte, aber keine antike Idee. Der römische Komödiendichter Terenz erklärte bekanntlich: »Ich bin ein Mensch, daher ist mir nichts Menschliches fremd.« Das kaiserzeitliche Rom war ein kosmopolitischer Tummelplatz von Menschen aller Hautfarben, wo alle möglichen Sprachen gesprochen und alle möglichen Götter verehrt wurden. Dennoch ist es bemerkenswert, dass Terenz nicht etwa erklärte: »Ich bin ein Römer, daher ist mir nichts Römisches fremd.« Obwohl längst eine Binsenweisheit, kann man es nicht oft genug wiederholen: Die Vorstellung von verschiedenen menschlichen Rassen im heutigen Sinne stammt aus der europäischen Aufklärung, also dem 18. Jahrhundert. Ich habe schon in deutschen Gasthäusern und spanischen Tavernen gespeist, die älter sind als dieser unheilvolle Gedanke.

In seinem 1735 erschienen Werk *Systema Naturae* teilte der schwedische Naturforscher Carl Linnaeus, der »Vater der modernen Taxonomie«, die Menschheit in vier hautfarblich bestimmte Linien ein: den *Europeus albus*, den *Americanus rubescens*, den *Asiaticus fuscus* und den *Africanus niger*. Der deutsche Naturforscher Johann Friedrich Blumenbach, der »Vater der Anthropologie« und Erfinder des so irrigen wie irreführenden Ausdrucks »kaukasisch«[8], machte daraus später fünf Kategorien: »kaukasisch« (weiß), »mongolisch« (gelb), »malaiisch« (braun), »äthiopisch« (schwarz) und »amerikanisch« (rot), auch wenn man zu Blumenbachs Gunsten erwähnen muss, dass er eine Hierarchisierung dieser Kategorien ablehnte. Diese Einteilungen waren seit jeher recht willkürlich und unscharf und haben sich immer wieder geändert. Letztlich handelt es sich um die unzulänglichen Versuche von Wissenschaftlern, tatsächliche Unterschiede zu

---

8 Nell Irvin Painter weist in *The History of White People* darauf hin, dass der Ausdruck von einem weißen Schönheitsideal stammt, das durch Odalisken-Gemälde vermittelt wurde, auf denen hellhäutige Sklavinnen aus dem Kaukasus in türkischen Harems zu sehen sind. Somit wurzelt ein zentraler Begriff der Theorie von der Überlegenheit der Weißen paradoxerweise in Darstellungen weißer Knechtschaft und buchstäblicher Unterlegenheit.

beschreiben, die sie in ihrer Lebenswelt beobachteten. In Schweden und Deutschland blieb das ein weitgehend abstraktes Unterfangen. Erst das massenhafte Aufeinandertreffen dieser unterschiedlich aussehenden Völker in der Neuen Welt in Folge von Eroberung und Versklavung gab *race* und damit dem, was wir heute White Supremacy nennen, eine soziale und politische Bedeutung. (Was auch erklärt, warum viele Afrikaner, die in Afrika blieben, sich bis heute nicht als »schwarz« verstehen.)

In der Neuen Welt entstand *race* – und wichtiger noch: Rassismus – »aus einem fundamentalen Machtgefälle zwischen gesellschaftlichen Gruppen«, wie die Historikerin Jacqueline Jones in ihrem Buch *A Dreadful Deceit* schreibt. »Auf den Sklavenschiffen, die Männer, Frauen und Kinder aus ihren Heimatländern in die Neue Welt transportierten, wurden die europäischen Fänger weiß und ihre afrikanischen Gefangenen schwarz. Im Laufe der Zeit nahmen diese zwei Adjektive vielerlei Bedeutungen an, wobei ›weiß‹ einen ›Freien und Nachfahren von Freien‹ bezeichnete und ›schwarz‹ einen ›Versklavten oder Nachfahren von Sklaven‹.« Die soziale und politische – also nicht: wissenschaftliche – Relevanz dieses Dualismus zeigt sich am skurrilen Fall eines Kolonialgesetzes, das den rechtlichen Status von *mixed-race* Kindern zunächst durch den Status des Vaters bestimmt sah, bis es dahingehend geändert wurde, dass der Status der Mutter den Ausschlag gab.[9] Bevor sich entsprechende

9 Das geschah, damit weiße Sklavenhalter weiterhin mit ihren schwarzen Sklavinnen schlafen konnten, ohne Angst, dadurch illegitime »mixed-race« Kinder mit Erbansprüchen zu zeugen. So wurde ein möglicher finanzieller Nachteil in einen finanziellen Vorteil umgewandelt, denn versklavte »schwarze« Nachkommen bedeuteten mehr Reichtum statt weniger.

Traditionen etablierten, waren diese Unterscheidungen also keineswegs in Stein gemeißelt.

Doch die Farbhierarchie, die aus diesem asymmetrischen Aufeinandertreffen über die Jahrhunderte entstanden ist, hat sich – und zwar selbst dort, wo es keine Sklaverei und legalisierte Unterdrückung gab – als widerstandsfähig und hochansteckend erwiesen, auch wenn sie nirgends einer so strengen Logik folgt wie in den USA. Das wurde mir eines sonnigen Herbsttages in Berlin in Erinnerung gerufen. Ich wohnte damals am Wannsee im Südwesten der Stadt. Auf der anderen Seite dieses friedlichen Sees steht eine Sommervilla im italienischen Stil, die einem jüdischen Unternehmer gehört hatte, bevor sie ihm von den Nazis gestohlen wurde. Deren Führung kam 1942 in dieser Villa zusammen, um bei einem anderthalbstündigen Mittagessen die Endlösung zu beschließen. Heute ist das Haus der Wannseekonferenz ein Museum, ein bedrückendes Zeugnis der entsetzlichen Gräuel, die aus dem Wunsch erwachsen können, Menschen nach Rassen zu sortieren. Die Wände dort sind voller Bilder, die einem das Blut in den Adern gefrieren lassen und dann zum Kochen bringen. Es sind körnige Fotos von Pogromen, Massakern und schmissiger Propaganda, wie sie die rechtspopulistische Alternative für Deutschland gerade wieder aufwärmt, wenn sie dazu auffordert, zum Wohle der Allgemeinheit »vollblütige« deutsche Babys zu gebären.

Ich besuchte das Museum mit meinem besten Freund, Marlows Patenonkel Josh, der von osteuropäischen Juden abstammt. Wir verweilten unterschiedlich lange in den einzelnen Räumen, bis ich irgendwann vor einer bebilderten Darstellung der Nürnberger Gesetze stand. Diese betrafen natürlich hauptsächlich die jüdische Abstammung, versuchten aber auch zu kodifizieren, wer als schwarz galt. Dass sich die Nazis dabei von den Gepflogenheiten weißer Südstaatler inspirieren ließen, ist bekannt und wurde hier sehr deutlich. (Die erste gesetzliche Regelung zu Mischehen in den USA wurde 1661 in Maryland getroffen. Sie verbot zwar keine Ehen zwischen Weißen und Schwarzen, erklärte aber weiße Frauen, die schwarze Männer heirateten, zu Sklavinnen.)

Ich sah mir die Tabellen mit den Mischverhältnissen genau an, die ominösen Kreise mit den Bezeichnungen *Deutschblütiger*, *Mischling* und *Jude*, deren abgestufte Schattierungen so etwas wie Genauigkeit vorgaukelten. Ich vertiefte mich eine Weile in diese wahnwitzige Logik, wobei mir ein Textauszug besonders ins Auge stach:

»Nach § 6 der Ersten Ausführungsverordnung zum Blutschutzgesetz soll eine Ehe nicht geschlossen werden, wenn aus ihr eine die Reinerhaltung des deutschen Blutes gefährdende Nachkommenschaft zu erwarten ist. Diese Vorschrift verhindert Eheschließungen zwischen Deutschblütigen und solchen Personen, die zwar keinen jüdischen Bluteinschlag aufweisen, aber sonst artfremden Blutes sind [...] Das Negerblut wirkt so stark, daß es häufig noch in der 7. oder 8. Generation äußerlich deutlich in Erscheinung tritt. Bei einem Einschlag von Negerblut ist daher im Einzelfall eine besonders scharfe Prüfung anzustellen und je nach deren Ausfall zu entscheiden, ob die Eheschließung zulässig ist oder nicht.«

Es war beklemmend, auf einmal den Blick der Nazis zu spüren, aus dem der Hass der Sklavenhalter in den Südstaaten sprach und der sich dadurch auf *mich* richtete. Wegen eben dieser Kategorisierungen, die das Dritte Reich so martialisch zu etablieren versuchte, ist das essentialistische Denken über Rassenidentität seit dem

Zweiten Weltkrieg in Hochschulen, Mainstreammedien und allen anständigen Diskursen auf der ganzen Welt zum Glück weitgehend diskreditiert. Um uns einen Reim auf die naturnotwendige Vielfalt der Menschen zu machen, verwenden wir heute lieber euphemistische Ausdrücke wie »Kultur«, »Ethnie«, »Nationalität«, »Herkunft« oder »Genpool«. Aber ist die Logik hinter dieser aufgeklärten Fassade aus Höflichkeit und Wissenschaftlichkeit wirklich so fortschrittlich? Die Logik, die durchschimmert, wenn wir in alte Redeweisen zurückfallen und uns selbst und andere unkritisch mit Abstraktionen wie »schwarz«, »weiß« oder »halbschwarz« beschreiben und – in welcher Absicht auch immer – auf »jüdisches« oder »indianisches« *Blut* gewisser Vorfahren verweisen.[10] Oder haben ein paar ideologische Fragmente die Zeiten doch überdauert – Fragmente aus dem Denken der Nazis, der Plantagenbesitzer in den Südstaaten oder gar der Spanier, die die ersten *limpieza de sangre*-Gesetze erließen, um »Altchristen« von denen zu unterscheiden, die den Makel muslimischer oder jüdischer Vorfahren hatten?

Mit diesem Buch will ich dieses zählebige Denken anfechten, das so viel Leid gebracht, so viel menschliches Potential ausgegrenzt und vergeudet hat. Dazu wird es nötig sein, die Idee des Weißseins zu überwinden – jene verhängnisvolle Illusion, die allen Aspekten von *race* zugrunde liegt. Aber mir ist auch klar, dass die stolzen

---

10 Ein aktuelles Beispiel für das Fortleben solch problematischer Vorstellungen von der Macht des Blutes ist der Fall der US-Senatorin Elizabeth Warren, die per Gentest eine indianische Abstammung nachzuweisen suchte. Was gut gemeint und als antirassistische Positionierung gedacht war, erwies sich letztlich als Bestätigung essentialistischer Rassegrundsätze im Sinne der Nürnberger Gesetze. Warren musste sich denn auch Kritik von Angehörigen des Stamms der Cherokee und anderen gefallen lassen.

und robusten Identitäten, die sich als Reaktion auf die Konstruktion des Weißseins herausgebildet haben, in gewisser Hinsicht noch schwerer zu bekehren sind. Unlängst hielt ich zu diesem Thema einen Vortrag an einem recht abgelegenen College im Bundesstaat New York. Bei der anschließenden Fragerunde stand ein junger dunkelhäutiger Student, Kind jamaikanischer Einwanderer aus Queens, auf und sagte mir unverblümt, es komme ihm bedauerlich naiv und realitätsfremd vor, sich eine Welt ohne die Zwänge von *race* vorzustellen. Er sehe nun mal nicht uneindeutig aus und könne sich keine Welt denken, in der er nicht »schwarz. Basta« sei. Und das, obwohl er sich durch seine karibische Herkunft und als Kind ehrgeiziger Einwanderer auf bedeutsame Weise von den Nachfahren der Südstaaten-Sklaven unterscheide, deren Stammbaum in den USA weiter zurückreicht als jener der meisten anderen Gruppen. Das Thema sei durch, sagte er, vor allem deshalb, weil ihn die »Weißen« in dieser ländlichen Kleinstadt ausnahmslos als »Schwarzen« ansähen. »Das bin ich halt«, sagte er und verglich das Gefühl der Zugehörigkeit zu einer farbkodierten *race*-Kategorie mit seiner Loyalität zu dem Arbeiterviertel in New York City, aus dem er stammte. Eine Loyalität, durch die er sich auf dem College-Campus wie ein Außenseiter fühle. Da *race* – vor allem in unserer Vorstellung, aber die ist entscheidend – so oft *klassiert* wird, konnte ich seine Haltung sofort nachempfinden. Mich plagten ähnliche Bedenken, als ich in seinem Alter war und mich erst an das Leben in einer reichen Universitätsstadt gewöhnen musste, die Lichtjahre entfernt schien von der Welt, in der ich aufgewachsen war. Ein Wechsel der sozialen Schicht kann sich ohne weiteres wie ein Wechsel der *race* anfühlen. Ich verstand den Standpunkt, den dieser Student mir gegenüber so vehement wie mutig vertrat, nur zu gut. Aber dieser Standpunkt beruht auf mindestens zwei Annahmen, an denen ebenfalls erhebliche Zweifel angebracht sind. Die erste lautet, dass jemandes Selbstbild vom ignoranten Denken der Menschen bestimmt werden sollte, mit denen man zufällig zusammenlebt. Ich selbst wäre heute Araber, wenn ich zuließe, dass die Sehgewohnheiten und entsprechenden Vermutungen der französischen Gesellschaft meine Identität bestimmten.[11] Die zweite lautet, dass ein fehlerhaftes Paradigma, das unseren heutigen Alltag prägt, künftig nicht durch ein anderes ersetzen werden kann.

Ich bestreite nicht, dass »*colorism*« – definiert als »Vorurteile gegen oder Diskriminierung von Personen dunkler Hautfarbe, normalerweise unter Angehörigen ein und derselben Ethnie oder *race*«, meist aber einfach dahingehend verwendet, dass Menschen mit hellerer Haut es tendenziell leichter haben – existiert und mein Denken prägt. Es prägt mein Denken und macht meine Anstrengungen vielleicht umso weniger mutig, aber es bestimmt mein Denken nicht. Ich lehne nicht einfach nur mein Schwarzsein ab und lasse es damit gut sein. Vielmehr lehne ich die Legitimität des Konstrukts *race* als solches ab, in dem Schwarzsein ein Bezugspunkt ist. Auch der College-Student, mit dem ich mich unterhielt, kann und sollte *race* ablehnen, denn wer etwas für real hält, das nachweislich so fiktiv wie schädlich ist, macht einen Fehler. Menschen, die eindeutig und in erster Generation »*mixed*« sind, mögen dabei besonders schlagende Argumente haben, aber ich möchte auch vermeintliche »Wei-

<hr>

11 Wobei ich einräumen muss, dass diese Vermutung ins Wanken gerät, sobald ich den Mund aufmache.

ße« und »*Asians*«[12] zur selben Sprachkritik ermutigen. Ich bin nicht so naiv zu denken, dass jeder oder jede den Willen aufbringen kann, ein neues Selbstbild zu entwickeln. Aber ich denke schon, dass unser rigider kollektiver Glaube an *race* umso mehr aufgeweicht wird, je mehr Menschen guten Willens – Weiße, Schwarze und alle dazwischen – es versuchen.

Denke ich an jenen College-Studenten, fällt mir ein anderer dunkelhäutiger Mann ein, den ich kennen und schätzen gelernt habe: Kmele Foster, ein in New York lebender Unternehmer und Intellektueller. Aus verschiedenen plausiblen Gründen lehnt er es ab, sich als Schwarzer zu begreifen. Sicher können »*mixed-race*« Menschen, hellhäutige Schwarze und andere, die nicht das ganze Ausmaß auf Hautfarbe basierender Vorurteile erleben, bei der Ablehnung von *race* vorangehen. Doch Foster, dessen Frau und Kind ebenfalls eindeutig dunkler Hautfarbe sind, zeigt vorbildhaft, dass wir alle eine Geisteshaltung entwickeln können, die immun ist gegen die Erwartungen anderer Menschen. Die übliche Reaktion darauf lautet: »Ja, schon klar, aber warte ab, bis du mal mit der Polizei zu tun hast, dann wirst du schon sehen, wie schwarz du bist.« Ich nehme den Schmerz und die historische Erfahrung, die diesem Einwand zugrunde liegen, ernst und bestreite nicht, dass unser gegenwärtiges

---

12 Zwar bildet der Dualismus »schwarz-weiß« den begrifflichen Rahmen von *race*. Doch auch scheinbar erläuternde Ausdrücke wie »Asian«, »person of color« oder sogar »Latino« halten genauerer Betrachtung nicht stand. Ein Diskussionspapier des US-Volkszählungsamts nennt es ein »Extrembeispiel für die historische Inkonsistenz bei der Klassifizierung in Bezug auf *race*, dass jemand, der seit 1980 als »Asian Indian« gilt, in früheren Volkszählungen auf drei verschiedene Weise hätte klassifiziert werden können: 1920 bis 1940 als »Hindu«, 1950 bis 1960 als ›other race‹ und 1970 als ›white‹.«

Strafjustizsystem stark tendenziös ist (am verheerendsten gegen die Armen). Doch dieser Einwand ist kein Argument. Sondern nur eine Warnung, ein Verweis auf etwas, das noch nicht passiert ist. Und eine solche kontrafaktische Behauptung lässt sich nicht widerlegen. Aber selbst wenn Kmele morgen Opfer von Racial Profiling oder polizeilicher Misshandlung würde, wäre das zwar schlimm, aber für ihn noch immer kein Grund, sein Selbstverständnis zu ändern, nur damit er den üblen Vorurteilen des Rassisten, der ihn auf dem Kieker hatte, besser entspricht. Das wäre ebenso unvernünftig wie wenn ich mir – angesichts all der Male, die ich in Flughäfen kontrolliert, festgehalten und befragt wurde – die falsche Vermutung zu eigen machte, ich stammte aus dem Nahen Osten.[13]

Die Wahrheit ist, dass unsere Denkweisen von Bedeutung sind. Unsere Sprache, die formelle wie die informelle, gestaltet unsere Wirklichkeit. Die Terminologie, die wir verwenden und zu verwenden akzeptieren, ist von Bedeutung. Das Bild, das wir uns von uns selbst machen und anderen von uns zu machen erlauben, ist von Bedeutung. Genau wie das Narrativ, das wir verwenden, um uns selbst und einander zu sagen, wer wir sind, woher wir kommen und wohin wir wollen. Wenn wir wirklich reparieren wollen, was in unserer Gesellschaft falsch läuft, braucht es nicht nur eine neue Politik und neue Verhaltensweisen, sondern nichts weniger Heldenhaftes als neue Denkweisen.

»Eine Gesellschaft repariert sich nicht im Ganzen«, schreibt der Kolumnist David Brooks, »sondern im Klei-

---

13 Was natürlich nicht heißt, dass solche Fälle von grundloser Diskriminierung gerechtfertigt wären, wenn ich tatsächlich aus dem Nahen Osten stammen würde.

nen, Stück für Stück. Das verdichtet sich und verändert allmählich unsere Normen, und Normen prägen das große Ganze.« Mein Wunsch ist es zu zeigen, wie sich die Vorstellung von *race* in meinem eigenen Leben aufgelöst hat, um so jener dringend nötigen Reparatur ein wenig Vorschub zu leisten. Im Kleinen, Stück für Stück. Vielleicht tragen Sie den Funken weiter, und so weiter. Ich schäme mich nicht zu wiederholen, was ich jenem College-Studenten auf seine Kritik erwiderte. Ich glaube nämlich, er hatte in mindestens einem wichtigen Punkt recht: Wollen wir die Tragödie des Rassismus wirklich beenden, wo es doch gar keine menschlichen Rassen gibt, braucht es vor allem ein gewisses Maß an Naivität. Wohin uns ein allzu selbstgewisser Intellektualismus führt, wissen wir ja schon.

TEIL EINS

Der Blick von nah und fern

Ich hatte die Cafeteria verlassen, in der mein Bruder Clarence mit dem Holzauto spielte, das er mit Hilfe älterer Pfadfinder zusammengebaut hatte, und ging den langen Flur hinunter zu den Toiletten. Das Gebäude war an Samstagen fast menschenleer und atmete den Hauch der Gesetzlosigkeit einer Schule in unterrichtsfreier Zeit. Nachdem ich fertig war, warf ich einen Blick in den Spiegel und sprang dann beim Rausgehen an die hohe Stange, mit der die Metallkabinen an der gekachelten Wand befestigt waren. Das war nicht leicht für einen Drittklässler, eine athletische Meisterleistung, die ich auch ohne Zuschauer genoss. Meine Sprungkraft verband mich mit meinen Lieblingssportlern. Auch meine Haare trug ich wie sie: an den Seiten und hinten kurz rasiert und oben etwas länger, mit einer rasiermesserscharfen Linie links. Gerade als meine Beine vorschwangen, ging die Tür auf und Evan kam herein. Er war in der Achten, der älteste von drei blonden, sommersprossigen und geradezu lächerlich geschniegelten Brüdern und, obwohl irischer Katholik, vom Typ her viel mehr ein WASP, ein *White Anglo-Saxon Protestant*, als die Söhne von Italienern, Polen und Ukrainern, aus denen die Schülerschaft unserer Konfessionsschule größtenteils bestand. Er sah zu, wie ich meinen Abschwung machte. In seiner Aufmachung mit Bootsschuhen und Dockers wirkte er alles andere als furchteinflößend, aber er war größer als ich und lächelte mich komisch an. Ich wollte an ihm vorbei zur Tür, aber er verstellte mir den Weg. Sein Lächeln wurde bedrohlich. »Was ist?«, brachte ich verwirrt heraus. Wir gingen seit Jahren auf dieselbe Schule, ohne je ein Wort gewechselt zu haben. »Affe«, raunte er, noch immer lächelnd, und mein ganzer Körper erstarrte. Ich wurde beleidigt, und zwar aufs Übelste, was mir weniger Evans Äußerung verriet als sein Gesichtsausdruck. Nur begriff ich nicht ganz, warum. Ja, ich hatte wie ein Affe geschaukelt, aber hier ging es um etwas anderes. Völlig sprachlos versuchte ich nochmal, an ihm vorbeizukommen. Wieder verstellte er mir den Weg, beugte sich über mich, noch immer grinsend, und wiederholte betont ruhig: »Du beschissener kleiner *Affe*.« Erstaunt begriff ich, dass auf einmal – auch wenn ich nicht verstand, warum – die Möglichkeit von Gewalt im Raum stand. Rein instinktiv zwängte ich mich an ihm vorbei, mit aller Entschlossenheit, die ein Achtjähriger aufbringen kann. Dieses Mal ließ er mich gehen, und ich hörte ihn hinter mir lachen, als ich zurück in die Cafeteria lief, mit pochendem Herzen, das Gesicht glühend vor Selbstgefühl, während mein unerfahrener Verstand die Bedeutung des gerade Geschehenen zu erfassen suchte.

Ich wusste allerdings genug, um wissen, dass ich meinem Vater nicht erzählen konnte, was passiert war. Ich sah seine Reaktion förmlich vor mir: wie er aus seinem ledernen Schreibtischstuhl aufsprang, in dem er am Wochenende wie auch unter der Woche die meiste Zeit verbrachte, über ein Buch gebeugt, konzentriert, Dinge unterstreichend. »Los, komm«, würde er sagen, kurz und knapp, mit diesem abwesenden Blick, als sehe er nicht mich, sondern etwas anderes an, und schon wäre er im Flur am Garderobenschrank, hätte sich seinen dunkelgrauen Mantel über die breiten Schultern geworfen, die Schlüssel bereits in seiner starken Hand. Folgte ich ihm nach draußen, könnte ich sicher sein, dass er das Kinn schon leicht gesenkt hätte, wie in Erwartung des Schlags, den er parieren und dann kontern würde – mit allem, was er hatte und vielleicht mit mehr, als es die Situation verlangte. Würde ich Pappy erzählen, was der weiße Junge auf der Toilette zu mir gesagt hatte, würde er sich in diese unsägliche Wut hineinsteigern, die mich noch immer zusammenzucken lässt, wenn ich an sie denke. Er würde eine Woche lang nicht konzentriert arbeiten können, das war so sicher wie das Amen in der Kirche. Aber außerdem würde es ihm wehtun und den Schlaf rauben. Im Dunkeln würde er an seinem Schreibtisch sitzen, in die eigene Vergangenheit versetzt, und Qualen leiden, weil nun bewiesen war, was er immer befürchtet hatte: dass egal, wie stark *er* war, er nicht stark genug sein würde, seine Söhne vor dem amerikanischen Rassismus zu beschützen; einem Rassismus, der psychologische Kriegsführung einsetzt und kleinen Jungs, wenn sie allein sind, Abscheulichkeiten zuraunt. All das war es nicht wert. An jenem Tag und an anderen danach beschloss ich, selber stark genug zu sein, um *ihn* davor zu beschützen, diese Wahrheiten zu erfahren.

Diese Wut meines Vaters über Erlebtes, über das unfassbare Unrecht, das ihm unbedeutende Männer und auch deren Kinder zugefügt hatten, weil sie sich nur wegen ihrer Hautfarbe und Haarstruktur für etwas Besseres hielten – ich teilte sie nicht ganz. Aber ich lernte früh, diese Wut, diesen unsäglichen Schmerz von jemandem, den ich liebte wie mich selbst, nachzuempfinden und möglichst vorauszuahnen. Es misslang mir eines schönen Herbstnachmittags, als mich Pappy von der Schule abholte. Das kam eher selten vor, und es fühlte sich auch anders an, neben meinem Vater im Auto zu sitzen. Das Radio blieb aus, es gab kein *Hot 97*, den Hip-Hop-Sender, den meine Mutter mir zuliebe manchmal anstellte. Stattdessen gab es Erwachsenen-Fragen in Erwartung wohlüberlegter Antworten.

»Wie war dein Tag, mein Sohn?«

Pappy schien guter Stimmung. Draußen war es warm. Er hatte geduscht und sich den Hals gepudert, und der Geruch von Talkum und der Pomade, die er manchmal beim Kämmen der Haare verwendete, vermischte sich mit dem alten Autoleder zu einem süßlichen Moschus-Duft. Der Motor lief schon, aber wir waren noch nicht losgefahren. Auf dem schattigen Bürgersteig lungerten Mitschüler herum, die noch auf ihre Eltern warteten. Irgendwie fingen wir an, über Sport zu reden, darüber, worin ich gut war und was mich interessierte. Meine Liebe galt dem Basketball, aber auch für Baseball hatte ich etwas übrig. »Und Boxen?«, fragte mein Vater. »Es wird Zeit, dass du boxen lernst. Du willst doch boxen können, oder?«

Die Art, wie er mich ansah, hatte etwas Anerkennendes. Ich war jetzt alt genug, um in dieses Männergeheimnis eingeweiht zu werden. Selbstverständlich war meinem Vater die geistige Entwicklung am wichtigsten, aber er war beileibe kein Stubengelehrter. Er war ein Mann eines gewissen Alters und mit einer gewissen Prägung durch die Südstaaten-Kultur und entsprechenden Fähigkeiten und Vorlieben. Dass ich nicht nur intellektuell, sondern auch körperlich gute Anlagen zeigte, gefiel ihm, und beide Aspekte der Persönlichkeit mussten gefördert werden, da hatte er offensichtlich Recht.

Warme Sonnenstrahlen fielen durch die Windschutzscheibe und entspannten mich. Ich sah mich schon auf mein Zimmer gehen, die Schuluniform ausziehen und raus zum Spielen eilen. Ich rannte gewissermaßen schon zu den Basketballplätzen, und so entging mir der Ernst der Frage meines Vaters, von dem ich in jenem Moment dachte, er wolle bloß plaudern. »Ach, ich weiß nicht, Babe«[14], sagte ich abwesend. »Boxen ist mir eigentlich nicht so wichtig.«

»Boxen ist dir nicht so *wichtig*?«, wiederholte er. »Wer hat dir das gesagt?«

»Niemand hat mir das gesagt. Was meinst du damit?«

Pappys Gesicht verhärtete sich. Ich erinnere mich: wie der Motor ruckelnd ansprang, wie der alte Benz in drei Zügen gewendet wurde und Pappy auf meine weißen Mitschüler auf dem Bürgersteig zeigte. »Wer hat dir gesagt, dass Boxen nichts für dich ist?«

»Gar niemand!« Ich verstand die Frage überhaupt nicht.

»Verflucht noch mal!«

Bis dahin hatte ich kaum Zeit mit den schwarzen Jungs verbracht, die ich später einmal gut kennenlernen und deren Kultur ich mir aneignen würde. Jungs aus den ausgegrenzten Randbezirken meiner Kleinstadt, die sehr den Jungs aus den größeren, rein schwarzen Siedlungen außerhalb der Stadt ähnelten. Jungs, die älter aussahen als ich, selbst wenn sie jünger waren, und die sich zu prügeln verstanden, im Spaß wie im Ernst. Es sollte noch Jahre dauern, bis mir all das vertraut wurde, und vorerst hatte ich nur meinen Vater jemals boxen sehen. Ich erinnere

14 Wir nennen meinen Vater »Babe«, wenn wir ihn direkt ansprechen; es ist gewissermaßen die Du-Form zur Er-Form »Pappy«. Sie rührt daher, dass mein Bruder als Kleinkind das Kosewort »Baby«, das unsere Mutter für ihren Mann verwendete, für dessen Namen hielt. Unter anderen Umständen hätten wir ihn also ebenso gut mit »Honey« ansprechen können.

mich an die große, generationenalte Frustration, die aus seinem Fluchen sprach. Und an eine übergriffige Angst. Ich weiß nicht mehr, was ich, bestimmt stammelnd, erwiderte, um mich zu retten und ihn zu beruhigen. Aber ich erinnere mich an seine schmerzerfüllte Wut – die wenig mit *mir* zu tun haben schien –, als er mich zum ersten und einzigen Mal in meinem Leben anschrie: »Die werden zum Teufel noch mal keinen Weißen aus dir machen!« Und ich erinnere mich an die qualvolle Stille auf der Heimfahrt, als mein Gehirn zu begreifen versuchte, wie das gehen soll: zu etwas gemacht werden, das man doch gar nicht sein kann.

Nicht lange danach, als sich seine Laune wieder aufgehellt hatte – denn diese Ausbrüche von *race*-bezogener Verletztheit und Angst waren nur von kurzer Dauer –, ging ich zu meinem Vater und sagte ihm, ich wolle Boxen lernen. Sein eigener Vater war nie Teil seines Lebens gewesen und seine Mutter gestorben, als er noch ein Kind war. Seine entferntere Verwandtschaft aus Texas kannten wir nicht. Hin und wieder, vielleicht einmal im Jahr, klingelte das Telefon und dann änderte sich Pappys Stimme, wurde wohl auch langsamer, und er schwatzte eine Stunde oder länger mit irgendeinem Verwandten. Ich versuchte, mir die Gesichter dieser geisterhaften Männer und Frauen vorzustellen, die – so unglaublich mir das schien – wussten, wer mein Vater war. Welcher Welt er entstammte. Aber natürlich hatte ich keine Ahnung, was für eine Art von Leben sie führten. Meine Mutter sagte dann etwas wie: »Ach, das ist So-und-so aus Detroit«, als würde das die Sache für mich klarer machen. Sobald Pappy aufgelegt hatte, waren alle vorübergehend geknüpften Verbindungen in die Vergangenheit augenblicklich gekappt und das Thema beendet. Fragte ich ihn, wo er so gut boxen gelernt habe, bekam er wehmütig glänzende Augen und sagte, seine Onkel in Longview hätten es ihm beigebracht. Es ist eine der wenigen mir bekannten Erinnerungen an seine Kindheit, die ihm ein völlig unbekümmertes Lächeln entlockten.

Ich hätte besser wissen müssen, dass Boxen für das Selbstverständnis meines Vaters als Mann genauso wichtig war wie Lesen. Denn die Hinweise darauf waren, genau wie die Bücher, unübersehbar. Unser Keller hätte auch der von Cus D'Amato sein können, hätte der eine literarische Ader gehabt. Dort gab es ein Laufband, Trimmräder, Kabelzuggeräte, Medizinbälle und Hantelbänke. In der Garage hatten wir einen Profi-Sandsack und eine Boxbirne, außerdem mehrere Sets Kopfschutze und scharlachrote Everlast-Boxhandschuhe. Erst rückblickend ist mir klar geworden, dass mein Vater wohl geplant hatte, uns irgendwann zu trainieren. In meiner Kindheit und Jugend gab es immer wieder mal kurze Box-Lektionen, spontane Unterrichtseinheiten im Flur oder in der Küche, in denen er mir geduldig zeigte, wie ich meine Füße bewegen, meine Schultern hochziehen musste – Kinn runter, Hals schützen – und wie man einen Schlag abwehrt. »Geh leicht in die Knie und lass die Füße fest am Boden, damit du reagieren kannst.« Pappy selbst war nicht zu treffen, zumindest nicht von mir, so blitzschnell bewegte er Hände, Oberkörper und Kopf, noch mit weit über Sechzig. Auch ich habe flinke Hände. Aber ich bin schlaksig, er kompakt. Und sein Kiefer ist aus härterem Holz als meiner. Es war toll, was er draufhatte. Gibt es etwas Schöneres, als den eigenen Vater in etwas hervorstechen zu sehen? Inzwischen denke ich, dass daran allenfalls die Freude heranreicht, dem eigenen Sohn etwas fürs Leben mitzugeben.

Wie ein Berggipfel, den man vom Flugzeug aus sieht, ragt ein Abend aus dem Nebel meiner Kindheitserinnerungen heraus. Pappy nimmt den schmächtigen kleinen Jungen, der wohl ich bin, mit hinunter in den Keller, streift ihm Handschuhe über und dann sich selbst. Es ist ein Ort der Härte, der mit Abstand unwirtlichste des Hauses, mit einem harten Kachelboden, dessen Risse den darunterliegenden Beton erkennen lassen. An den Wänden stehen keine hölzernen Regale, wie im Wohnbereich, sondern harte Metallregale mit Tausenden überzähliger Bücher und zwischen ihnen die Trainingsgeräte. Hier unten gibt es harte schwarze Hantelscheiben aus Eisen und harte Chromstangen, und die Luft ist auch am heißesten Tag des Jahres noch kühl und feucht. Es ist ein ungemütlicher Raum ohne jede Sitzgelegenheit. Hier muss man stehen. Hier muss man trainieren oder sich ein Buch nehmen und lesen. Wenn man an diesen Ort hinabsteigt, muss man erkennbar an sich arbeiten.

»Bist du bereit?«, fragt er, und auf einmal ist sein texanischer Akzent deutlicher hörbar. Oder spielt mir da die Erinnerung einen Streich?

»Ja«, antwortet der Junge in meiner Erinnerung, und dann schlägt ihn sein Vater. Nicht annähernd mit ganzer Kraft, aber auch nicht wie ein Acht- oder Neunjähriger. Immer wieder schlägt er kurze Jabs aufs Kinn, zur Verblüffung des Jungen, der so noch nie geschlagen wurde. Der überhaupt noch nie geschlagen wurde.

»Du musst wissen, wie das ist, einen Schlag einzustecken. Wie er sich in deinem Gesicht anfühlt«, sagt Pappy liebevoll, aber bestimmt zu dem Jungen, dessen Gedanken rasen. »Wenn du dich erst einmal daran gewöhnt hast, wird es dich nie mehr überrumpeln.« Konsterniert, aber entschlossen, sich den Respekt seines unnachgiebigen Vaters zu verdienen, nickt der Junge und wünscht, er wäre irgendwo anders. Er hält weiteren Schlägen an Kiefer und Kinn stand, von denen einer, weil die Boxhandschuhe so unförmig sind, seine Nase schrammt, und seine Augen füllen sich mit Tränen.

Das Flugzeug der Erinnerung fliegt weiter und der Berggipfel verschwindet; was bleibt, sind Wolken. Ich weiß nicht mehr, wie diese merkwürdige Unterrichtsstunde endete, ob im Guten oder Schlechten. Ich weiß nur, dass Pappy nicht noch einmal versuchte, mir diese Lektion zu erteilen und ich ihn auch nicht mehr darum gebeten habe. Wie sich zeigte, konnte ich nie die nötige Disziplin aufbringen, um Boxen zu lernen. Was nicht heißt, dass ich nicht lernte, wie man sich prügelt. Wie ich meine Hände einzusetzen hatte, brachte ich mir später selbst bei, in der Schule des Lebens – also auf jene Art und Weise, die mein Vater als ungenau und unzuverlässig verachtet. Doch selbst als kleiner Junge begriff ich, dass Pappy es gut mit mir meinte. Dass mein Vater aus irgendwelchen Gründen nur mit Menschen richtig warm wurde, die im Leben schon mit einem Mindestmaß an Widrigkeiten zu kämpfen hatten. Trotzdem habe ich schon immer vermutet, dass sich Pappy bei jener Boxstunde ebenso unwohl fühlte wie ich. Ganz sicher hat er mir nie gewünscht, in irgendeiner Situation einmal auf meine Fäuste angewiesen zu sein.

Als Achtklässler hatte ich dann schon einiges gelernt. Unter anderem, wie ich mir mein – wie auch immer geartetes – *Anderssein* zunutze machen konnte. Meine »race« war mir damals wohl nie stärker bewusst als die Male, die ich meinerseits Gelegenheit fand, Evans kleinen strohblonden Bruder zu terrorisieren, der nie verstehen sollte, womit er sich meinen Hass zugezogen hatte. Es war auch das Jahr, in dem Pappy mich vor die erste große Entscheidung meines Lebens stellte. Ich könne zur Delbarton School gehen, einer Schule mit lauter Evans, mit hohen Leistungsansprüchen und einer erstklassigen Basketballmannschaft. Einer Schule, die wir uns eigentlich nicht leisten konnten, für die mir Pappy aber schon irgendein Stipendium besorgen würde. Oder aber zur Union Catholic Regional High School, keine zwei Kilometer von unserem Haus die Straße hinunter. Die hatte zwar kein besonderes Renommee, was Sport oder Unterricht betraf, dafür aber eine gemischtgeschlechtliche Schülerschaft, die obendrein nicht nur aus Weißen, sondern zur Hälfte aus Schwarzen und *Latinos* bestand. In meinem damaligen Alter durfte ich noch hoffen, an Gewicht und Größe mächtig zuzulegen, so dass ich weiterhin davon träumte, einmal für ein Basketballteam der höchsten Hochschulliga zu spielen. Doch es dauerte keine fünf Minuten, bis ich mich entschieden hatte. Ich sagte Pappy, er solle mich noch am selben Tag an der Union Catholic anmelden. Natürlich war es auch eine hormonelle Entscheidung – selbst wenn mich mein Vater dafür bezahlt hätte, wäre ich auf keine reine Jungenschule gegangen. Aber noch etwas anderes spielte eine Rolle. Schon damals begriff ich, dass dies das bislang bedeutendste Bekenntnis zu meiner *race*-bezogenen Identität war. Ich war schwarz, und nichts wünschte ich mir damals mehr, als alle Uneindeutigkeit loszuwerden und mich meinen Leuten anzuschließen, von denen mich die Lebensweise meiner Eltern weitgehend ferngehalten hatte.

Meine Jugend verbrachte ich überwiegend auf asphaltierten Basketballplätzen und vorm Fernseher, wo ich Sendungen von *Black Entertainment Television* schaute, aber ohne schwarze Großfamilie. Denn mein Vater hatte ja alle Verbindungen zu den Südstaaten gekappt. In diesen Jahren war ich sehr damit beschäftigt, meine *race* zu erlernen und ihr entsprechend aufzutreten. Ich war ein Streber im Leistungskurs »Schwarze Männlichkeit«, mit einem Eifer, der mich heute an den eines fanatischen Konvertiten erinnert. Am meisten aber irritiert mich im Rückblick die Bemühtheit dieses Unterfangens. In den Genen, die ich mit meinem Vater teile, die mein Haar gekräuselt und meine Haut gefärbt haben, sind keine Verhaltensvorschriften kodiert. Alles, was ich darüber lernte, ein »*nigga*« zu sein, eignete ich mir wie nebenbei in meiner gekünstelten und gnadenlos manichäischen Umwelt an. Ich verwende den Ausdruck »*nigga*« ganz bewusst, nicht mit Stolz oder gar Scham, sondern aus Treue zu den Fakten. Obwohl voller Klischees, die Pappy ablehnte, ist es doch der Ausdruck, mit dem meine Mitschüler und ich uns bezeichneten. Mit dem wir uns in einem Akt der Selbstverteidigung jenes Bild zu eigen machten, das die denkfaulen Evans dieser Welt von uns hatten. Er war in vieler Hinsicht der Superlativ dessen, was viele von uns – und sei es aus Resignation – sein wollten. So bildeten sich in meinem provinziellen Mittelschichtsviertel *race*-bezogene Unterschiede heraus. Schwarzsein, so wie ich es auslebte, bestand nicht so sehr darin, wie man aussah. Das war oft nur der Ausgangspunkt, wobei man sagen muss, dass keine Bevölkerungsgruppe in den USA eine größere physische Vielfalt aufweist als die »Schwarzen«. Vielmehr war es eine Frage der Selbstdarstellung: wie man spricht und sich kleidet – wie man der Welt begegnet, würde Martin Buber vielleicht sagen. Schwarzsein war, was du liebst und was dich liebt oder zumindest akzeptiert, was du als Beleidigung empfindest oder vielmehr: wer sich durch deine Gegenwart beleidigt fühlen könnte. Die 1990er werden kaum als besonders politische Ära in die Geschichte des schwarzen Amerikas eingehen. Im Vergleich zu der »woken« Zeit, in der wir heute leben, kann man die jugendliche Apathie meiner Generation geradezu empörend finden. Meinen Freunden und mir waren Inhalte nicht so wichtig wie die Form, wie der Sitz der Baseball-Kappe oder der Brilli im Ohr. *Race*-spezifischer Stolz beschränkte sich für viele von uns auf Rhythmusgefühl und Sportlichkeit. Darauf, sich auf eine bestimmte Art zu bewegen. Der alte Trick der Lässigkeit: sich anstrengen, unangestrengt auszusehen. Im Grunde aber war es etwas *Apophatisches* – definiert durch das, was es nicht ist. Es gibt kaum etwas Amerikanischeres, als in die Sprache von *race* zu verfallen, wenn man eigentlich über soziale Schicht reden will, genauer: über Lebensweisen, Werte und Vorlieben. Nur deshalb war es möglich, dass ein Freund meines Bruders, Kind einer italienischstämmigen Arbeiterfamilie, allen Ernstes behaupten konnte, mein belesener Pappy sei weißer als sein eigener gutverdienender, aber ungebildeter Vater. Und dass ein hartgesottener schwarzer Junge, den ich kennengelernt hatte, beim Anblick der Bücherregale in unserem kleinen Haus und meiner fröhlich backenden, blonden Mutter in der engen Küche gegen alle Evidenz rufen konnte: »Boah, ihr seid ja *reich*.«[15]

Als ich mich an der Union Catholic akklimatisiert hatte, fand ich auch ein Mädchen, das sich lässig genug bewegte. Ich war fünfzehn, gerade in die zehnte Klasse gekommen, als sie mir immer öfter auffiel, wenn ich morgens zum Unterricht eilte. Sie schlenderte den Flur entlang, als läge das Läuten der Schulglocke außerhalb des Frequenzbereichs, den ihr Ohr wahrnahm. Sie war eine

---

15 Ich kann gar nicht sagen, wie oft die Fröhlichkeit meiner Mutter in meiner Jugend ganz ernsthaft mit »*race*« in Verbindung gebracht wurde, so als wäre Weißsein eigentlich nur die ontologische Manifestation guter Laune.

Klasse unter mir, vierzehn, geschmeidig, weder hell noch dunkel, sondern von der Farbe polierten Teakholzes, und trug ihren karierten Rock und ihre blauen Kniestrümpfe sehr akkurat. Aber ungeschnürte Timberlands und eine goldene Gliederkette von Gucci um den Hals gaben ihr auch etwas Rebellisches. Sie blies rosa Kaugummiblasen und tat gern, als sei sie völlig außer sich. Dann ließ sie ihre langen, mit indischen Extensions verzierten Haare hin- und herfliegen, rollte ihre großen braunen Augen, bis nur noch das bläuliche Weiß zu sehen war, und warf den Kopf mit einem schrillen Kichern zurück, bevor sie sich wieder einkriegte. Sie tanzte toll, wie eine Erwachsene, nicht wie ein Kind; allein dadurch, wie sie einen Fuß vor den anderen setzte, verströmte sie ein unglaubliches Charisma. Obwohl sie selten ernsthaft über ihre Gedanken oder Gefühle sprach und ein so oberflächliches Leben zu führen schien, wie niemand sonst, den ich kannte, beeinflusste sie mich doch extrem. So wie ein schwächerer Jogger versucht, das Tempo seines stärkeren Laufpartners mitzugehen, versuchte ich, ihr Niveau an Coolness zu erreichen. Je mehr Zeit wir miteinander verbrachten, desto stärker hatte ich das Gefühl, dass Stacey mich vervollständigte – nicht nur so, wie alle Liebenden meinen, ihre Partner würden sie ergänzen, sondern buchstäblich. Ich war besessen vom Wunsch, mein körperliches und kulturelles Schwarzsein zu *intensivieren*. Hatte sie es sich einiges kosten lassen, ihre Haare zu glätten, hätte ich noch mehr dafür gegeben, dass sich meine Haare – die mir, wenn kurzgeschnitten, wie Stacheln vom Kopf standen – so sehr kräuselten wie ihre. In Stacey hatte ich das platonische Ideal dessen gefunden, was eines Tages, in ferner und noch vager Zukunft, meine Frau sein würde.

Eines Nachmittags standen wir nackt und Händchen haltend vor ihrem Kleiderschrankspiegel und ergötzten uns ebenso an unserer jugendlichen Zärtlichkeit wie an unserem Spiegelbild. Solche Momente der Nähe waren heimliche Momente, die wir der Erwachsenenwelt kurzzeitig gestohlen hatten. Anders als in späteren Paarbeziehungen fanden wir damals kaum Gelegenheit, nichts zu tun, als einander *anzusehen*. Aber jener Tag war eine Ausnahme. Sie hatte mich ins Haus ihrer Großmutter geschleust, und ich hatte es geschehen lassen, obwohl ihrer Großmutter eine Gefängniswärterin mit einer Schusswaffe und ziemlich kurzen Lunte war. Dort hatten wir gleich mehrere Stunden für uns.

Als sie sich schließlich zu mir drehte, legte sie ihre Hand auf meine Schulter. Auf einmal kicherte sie. »Was ist?«, fragte ich, noch immer leicht euphorisiert. »Nigga, was ist denn das?«, rief sie und zwirbelte mit Daumen und Zeigefinger eine unglaublich blonde Haarsträhne, die mir am linken Schlüsselbein wuchs und in der Nachmittagssonne glänzte. Ausgerollt war sie mehrere Zentimeter lang, die einzige dieser Art, die ich je an mir entdeckt habe[16], und nichts im Vergleich zu den weißen Flecken, die meinen Bart inzwischen sprenkeln. Die Strähne war fast durchsichtig, sehr fein und fühlte sich an wie Platinfasern oder Targayen-Haar. Mir war sie vorher nie aufgefallen, doch so oft ich sie von da an auch ausriss, sie kam immer wieder – ein unverwüstliches Relikt irgendeines Wikinger- oder gar Neandertaler-Gens, das nur darauf gewartet hatte, zum Vorschein zu kommen. An jenem Nachmittag lachten wir über das, was immer mein Körper uns damit sagen wollte, und ich verließ das Haus ihrer Großmutter rundum zufrieden und im Bewusstsein,

---

16 Als Erwachsener habe ich meinem Bruder von dieser hellblonden Strähne erzählt, der mir daraufhin sagte, er habe ebenfalls genau eine, die ihm an der Stirn wachse.

»schwarz« zu sein, wenn auch mit einer langen platin-blonden Brustlocke. Ich war nicht scharf darauf, das Thema noch mal zur Sprache zu bringen. Wir neigen dazu, alles auszublenden, was dem Selbstbild wider-spricht, auf das wir konditioniert werden.

Heute frage ich mich oft, was aus Stacey geworden ist. Und denke, wie sehr ihr anscheinend schon damals – mit vierzehn – so etwas wie ein angemessenes Selbstwertge-fühl ausgetrieben worden war. Ich glaube nicht, dass sie wusste, wie es ist, geliebt zu werden, und sei es nur von der eigenen Familie. Nicht nur versorgt oder begehrt zu werden, sondern geliebt. Den Unterschied konnte ich damals erahnen, aber nicht in Worte fassen. Dabei kam sie nicht aus armen Verhältnissen – ihr Haus war eindeu-tig neuer und größer als unseres –, aber eben auch nicht aus fürsorglichen. Ihre Eltern waren geschieden und neu verheiratet, beruflich stark eingespannt und mit ihren neuen Lebenspartnern und Kindern beschäftigt. Da blieb sie einfach auf der Strecke – kein ganz ungewöhnliches Problem für Menschen aller Hautfarben und Schichten. Aber da war noch etwas anderes.

Was mir seinerzeit manch schlaflose Nacht bereitete, ich ansonsten aber recht gut verdrängte, war, dass Stacey nicht nur *meine* Aufmerksamkeit erwiderte, sondern auch die vieler anderer Jungs und Männer. Inzwischen weiß ich, dass das an sich nicht viel zu bedeuten hat – Promis-kuität an sich ist nichts, was das Selbstwertgefühl stärkt oder schwächt. Doch schon damals meinte ich einen Zu-sammenhang zwischen ihrer Unsicherheit und einem anderen Phänomen zu erkennen, das mir immer deutli-cher wurde: wie sehr fast all meine männlichen schwar-zen Freunde und Klassenkameraden ihr Selbstbewusst-sein daraus bezogen, Mädchen zu ignorieren, die aussa-hen wie sie. Die meisten bekundeten ganz offen, am liebsten mit weißen oder »*Spanish*«[17] Mädchen zu gehen. Manch einer, wie mein eloquenter Nachbar Ant, der nach der Schule oft vorbeikam, um in unserem Keller Gewichte zu stemmen und zu quatschen, begründete das damit, dass weiße Mädchen leichter zu erobern und wegen ihres sorgenfreien Lebens umgänglicher seien. (Laut Ant tragen sie nicht den Schmerz einer Vergangenheit in sich, in der Familien auseinandergerissen und Männer in Sträflingskolonien verschleppt und durch die Unbill des Lebens nicht gerade zu vollendeten Kavalieren wurden.) Durch die Verhätschelung im Elternhaus hätten sie keine Ahnung von den Irrwegen, die zu meiden Mädchen wie Stacey eingeimpft werde. Oder, wie es mein bester Freund Charles formulierte: »Schwarze Mädchen haben einfach zu viel Scheiße am Hacken, Bruder. Ich versteh's ja, aber es macht echt keinen Spaß.« Andere Freunde von mir, und wenn ich es mir recht überlege, wohl auch Ant (Charles eher nicht), dürften insgeheim wirklich gedacht haben, weiße oder auch nur hellhäutige Mädchen seien etwas Besseres als die Mädchen, die ihren Müttern und Schwestern ähnelten, und auch als *sie selbst*. (Dafür spricht auch die starke Vorliebe für puerto-ricanische und kolumbianische Mädchen aus noch so prekären Verhältnissen.) Diese hellhäutigen Körper waren für sie zweifellos Indikatoren des eigenen Status und Werts. Schon als Kind spürte ich, dass viele Menschen, die meine Eltern nicht kannten, über deren Beziehung ähnlich dachten. Dass das die verständnislosen, feindseligen und manchmal schamlos anzüglichen Blicke erklärte, die man uns zuwarf, wenn wir im *Red Lobster* zu unserem Tisch gin-

17 »Spanish« war ein bemerkenswert ungenauer Ausdruck, der sich fast nie auf eine tatsächlich aus Spanien stammende Person oder Familie bezog.

gen. Ich war über diese Verurteilung empört und rebellierte dagegen mit jeder Faser meines Herzens.

Das hat auch damit zu tun, dass mir, seit ich denken kann, das Bild nicht mehr aus dem Kopf geht, wie mein Vater als Highschool-Schüler von seiner lieblosen Tante angeherrscht wird: »Bring bloß nie ein Mädchen mit nach Hause, das dunkler ist als du!« Dieses in der Regel unausgesprochene Denken wurzelt in einer Plantagen-Logik, der viele Schwarze (und Weiße) noch heute anhängen, auch wenn sie sie eigentlich entsetzlich finden. Pappy hat mir nie gesagt, wie meine Freundinnen auszusehen haben, und auch jene traurige Erinnerung nie mit mir geteilt. Er hat es meiner Mutter erzählt, die es irgendwann mir erzählte. Und es schmerzte mich, seit ich alt genug war, über einen Hass nachzusinnen, der sich letztlich auf einen selbst richtet. Ich fragte mich, warum diese schwarze Frau dasselbe Gift predigte wie mein weißer Großvater, der ja ebenfalls nicht wollte, dass seine Kinder Menschen von dunklerer Hautfarbe mit nach Hause brachten.

Aber ich kannte auch die Antwort. Damals filterte ich die Welt durch jenen Schleier der Hautfarbe, den W. E. B. Du Bois das »doppelte Bewusstsein« nannte und als *conditio* der Schwarzen ansah. Als »Schwarzer« zu gelten bedeutete, egal wie man tatsächlich aussah – und Du Bois selbst sah kaum afrikanisch aus –, sich einerseits zwar als sich selbst zu verstehen, andererseits aber »sich selbst immer nur durch die Augen« der Weißen wahrzunehmen und »der eigenen Seele den Maßstab einer Welt anzulegen, die nur Spott und Mitleid für einen übrig hat«. Durch diese fremde Brille der Ablehnung betrachtete die Tante meines Vaters dessen potentielle Freundinnen und vielleicht auch sich selbst. Ich dagegen betrachtete *meine* potentiellen Freundinnen umgekehrt durch eine Brille des Begehrens: Ich wollte heimkehren, nicht entfliehen.

Als ich dann an die Georgetown University kam, dekorierte ich mein Wohnheimzimmer mit Fotos von Stacey, als seien es Ikonen oder Werbeplakate *race*-bezogener Authentizität. Sie war auch der Maßstab, den ich an die neuen schwarzen Mädchen aus der Mittel- und oberen Mittelschicht anlegte, auf die ich dort traf. Ich wusste nicht, was ich von ihnen halten sollte, fühlte mich ihnen gegenüber hin- und hergerissen. Meine sich lösende Verbindung zu Stacey und meine unsinnige Vorstellung, ich hätte es trotz einer härteren – sprich: lebensechteren, »schwärzeren« – Highschool-Erfahrung an diese Uni geschafft, gaben mir ironischerweise ein Gefühl der Überlegenheit gegenüber diesen jungen Frauen. Wie die Jungs aus meiner Kindheit, die dachten, mein Vater sei »weiß« und meine Mutter »reich«, verwechselte ich *race*-bezogene Authentizität mit Verhalten und Vorlieben und gefiel mir darin zu denken, ich sei irgendwie *reiner* als sie.

Als ich im Sommer nach dem ersten Studienjahr nach Hause kam, hatte die Uni mein Leben verändert. Auch wenn andere das eher erkannten als ich. Stacey, die zu meiner Verwunderung nicht mal versucht hatte, den Studierfähigkeitstest zu bestehen, schloss die Highschool ab und schritt, wie Wile E. Coyote in den alten *Road-Runner*-Trickfilmen, über die Klippe in den freien Fall. Unsere Wege verliefen nun in entgegengesetzte Richtungen, was nichts mit Genen oder Melanin und nicht mal mit materiellen Bedingungen zu tun hatte, sondern schlicht mit einer langen Folge von Entscheidungen, die wir und unsere Familien jeweils für uns getroffen hatten. »Mensch, diese weißen *niggas* haben dich ja komplett überschnappen lassen«, spottete sie bei einem besonders missglückten Einkaufsbummel zu zweit, als ich mir ein Paar klassische Herrenschuhe statt Turnschuhe kaufte. Wenig später teilte sie mir mit, dass sie schwanger sei, von einem Mann, der sie finanziell unterstützen wolle, mit Geld, das er durch den Verkauf von Crack verdiene. Sie zog aus dem geräumigen Haus ihrer Mutter aus und in eine Sozialbausiedlung. Ich war am Boden zerstört, fügte mich aber bald in die Einsicht, dass diese Beziehung nicht mehr zu retten gewesen war. Und ich wusste, dass ich mich durch die Trennung von Stacey auch von der langjährigen Vorstellung gelöst hatte, ich könne durch sie mein Schwarzsein intensivieren. Ich verabschiedete mich von der Illusion, ich sei irgendwie authentischer als meine neuen Kommilitonen. Was aber auch ohne Stacey blieb und sich sogar noch verstärkte, war mein Selbstverständnis als *schwarzer* Mann und als jemand, der nur an der Seite einer »schwarzen« Frau jemals vollständig sein konnte.

In meinem zweiten Studienjahr lernte ich eine junge Frau kennen, die anders war als alle, die ich bis dahin gekannt hatte. Betrys war zwei Jahre älter als ich, auf der Pantone-Farbskala mehrere Stufen dunkler und hatte ein gepflegtes Gewirr an Haaren auf dem Kopf. Sie war die Tochter einer italienischen Mutter aus Bozen und eines nigerianischen Vaters (dessen wahres Alter sie nicht kannte und mit dem sie sich zerstritten hatte), in Manhattan aufgewachsen, oberhalb von Harlem, nahe der Bronx, und wechselte, als ich sie kennenlernte, problemlos zwischen Englisch, Spanisch, Italienisch und Japanisch hin und her. Sie selbst bezeichnete sich als »Schwarze«, was weitgehend dem entsprach, wie sie von anderen wahrgenommen wurde. Und sie bestand darauf, dass ihre Mutter, die als Teenager ohne Englischkenntnisse in ein Arbeiterviertel von Brooklyn gekommen war, gar keine »Weiße« sei, im Unterschied zu meiner protestantischen Mutter. Wir verwendeten diesen Ausdruck damals nicht, aber was sie meinte, war, dass meine Mutter in unserer Gesellschaft kulturell »privilegiert« sei und dies ihre *race* bestimme, während jede physische Ähnlichkeit zwischen den beiden Frauen – die tatsächlich bestand – unerheblich sei. So machte mich die damals 19-jährige Betrys zum ersten Mal mit dem Gedanken vertraut, dass Identitäten etwas Komplexes, wenn nicht gar Widersprüchliches sind.

Betrys war kultiviert, weltgewandt, grundehrlich und voller Selbstachtung. Sie legte ein kosmopolitisches, panafrikanisches Bewusstsein an den Tag, das mir bis dahin unbekannt war[18], zitierte Liedtexte von The Roots und Black Star, bereitete im Handumdrehen so ungewöhnliche Gerichte wie Jollofreis oder gebackene Kochbananen zu und sprach nebenbei über Werke von Chinua Achebe. Sie verstand ihr Schwarzsein als soziales, kulturelles und politisches Konstrukt, das sie sich zu eigen machte und dessen Verbindungen und Reichtümer sie wertschätzte und pflegte, ohne dass sie ihre europäische Herkunft je dafür missbrauchte, die Schattenseiten des Schwarzseins zu leugnen. Doch vor allem ihr Selbstbild unterschied sie von allen Menschen, die ich kenne. Sie war weniger *mixed-race* als vielmehr drei-in-eins: durch und durch Italienerin, zugleich ganz Nigerianerin und schließlich waschechte Amerikanerin. Doch selbst diese Beschreibung ist noch zu allgemein. Betrys war nicht einfach

18 Mein Vater zählt zu jenen Schwarzen mit Wurzeln in der Südstaaten-Sklaverei, die – wie Albert Murray, aber auch James Baldwin in »Encounter on the Seine: Black Meets Brown«, seinem Essay über afrikanische Intellektuelle in Paris – eher die Einzigartigkeit der Erfahrung schwarzer Amerikaner hervorheben.

Italienerin oder Norditalienerin, sie war Südtirolerin, also Angehörige der in der Autonomen Provinz Bozen – Südtirol heimischen Volksgruppe. Daher fand sie sich in den kulinarischen und sonstigen kulturellen Sitten der Einwanderer aus Neapel oder Palermo, die die italoamerikanischen Gegenden von New York und New Jersey überwiegend bevölkern, ebenso wenig wieder wie in denen chinesischer Einwanderer aus Yunnan oder Sichuan.

»Das ist kein Italienisch«, flüsterte sie mir, körperliche Qualen leidend, mit zugekniffenen Augen zu, wenn wir uns im Deli in Carroll Gardens etwas zu essen kauften und irgendeine müde Oma die letzten Silben von *prosciutto* oder *sorpressata* verschluckte. »Das tut mir weh!«, rief sie, wenn wir wieder draußen in der wuseligen Anonymität der Smith Street waren, um dann mit ihrem makellosen Akzent jeden herrlichen Buchstaben eines jeden Wortes auszusprechen, das sie in Rage versetzt hatte. Allein diese Art der Differenzierung war für mich, der ich damals noch nie in Florenz oder Rom gewesen war, eine Offenbarung. In den Delis und Pizzerien meiner Kindheit hatte ich mir keinen Begriff gemacht von den Varietäten und der bisweilen überirdischen Schönheit der italienischen Sprache. Auf ähnliche Weise war Betrys auch nicht Nigerianerin, sondern eine Urhobo, nicht zu verwechseln mit einer Yoruba, und die Unterschiede zwischen beiden waren mindestens so wesentlich wie die Gemeinsamkeiten.

Ich stellte mir vor, dass wir heiraten und Kinder haben würden, die eine große ethnische Vielfalt in sich vereinten, bei jeder Volkszählung oder Bewerbung aber kompromisslos das Kästchen »schwarz« ankreuzten. In der Frühphase unserer Beziehung hatten wir den vagen Plan, gleich nach meinem Studium nach Japan auszuwandern, wo ich Englisch unterrichten und mich als Schriftsteller versuchen wollte. Betrys hatte schon ihren Abschluss gemacht und lebte in New York, als ich den Sommer vor meinem letzten Studienjahr im Loire-Tal verbrachte, eine TGV-Stunde südlich von Paris, um den verfluchten, fürs Examen nötigen Fremdsprachennachweis zu erwerben. Als ich dann zurück nach Georgetown kam, musste ich nur noch einen weiteren Französisch-Kurs belegen, um mein Studium abschließen zu können. Doch inzwischen war ich in Frankreich verliebt, als Land, aber mehr noch als Idee und als Ort, an dem ich mir über mein Amerikanischsein klar werden konnte. Noch aber hatte ich keine Franzosen oder Französinnen näher kennengelernt.

Das sollte sich rasch und unerwartet ändern. Zur damaligen Zeit kam es kaum vor, dass ich weiße Frauen auch nur *sah*. Ich hatte nichts gegen sie, einige waren ja sogar liebe Verwandte. Als potentielle Partnerinnen aber kamen sie – wie Nicht-Weiße für viele Weiße – in meinem Denken darüber, wer ich war oder werden wollte, kaum vor. Das war bei Clotilde, einer Austauschstudentin aus Nancy, von Beginn an anders. Sie war keine Kommilitonin, sondern die Tutorin meines Sprachkurses. Zweimal pro Woche paukte sie mir eine dreiviertel Stunde lang ihre Sprache ein. Sie ließ sich unmöglich ignorieren, wenn sie mir direkt in die Augen schaute oder mir den Rücken zuwandte, um Redewendungen an die Tafel zu schreiben. Sie forderte eine Reaktion geradezu heraus. Großgewachsen, blond, mit blassrosa Haut und einem Gesicht, das zu neun Zehnteln aus Sommersprossen sowie aus feuchten blauen Augen bestand, war sie fast das fotografische Negativ von Stacey oder Betrys. Doch ihre Fremdartigkeit, ihr Akzent, ihr Geruch (Paco Rabanne plus Kaffee und Marlboro Light), ihre für mein noch unbedarftes Gespür erstaunlichen Ansichten zu allen möglichen politischen Themen, von Palästina bis zum

Spätkapitalismus, die manische Art, wie sie abends kettenrauchte, mit fingerfreien Handschuhen, die unter Fäustlingen zum Vorschein kamen – all das machte sie für mich zu einem herrlich nahbaren Individuum. Ihre Eigentümlichkeit zerriss den Schleier der Hautfarbe, von dem ich mich halb absichtlich hatte täuschen lassen.

Um die Weihnachtszeit hatte die lange Abwesenheit das Herz noch sprachloser gemacht. Es war der Anfang vom Ende meiner Fernbeziehung mit Betrys. Zu meiner Überraschung hatte mich die kurze Bekanntschaft mit Clotilde so sehr aus dem Gleichgewicht gebracht, dass ich es gar nicht wiederzuerlangen versuchte. Als wir ein Verhältnis anfingen, fühlte ich mich zugleich schuldig, befreit und vor Angst wie gelähmt: Zum ersten Mal in meinem Leben schien sich der bis dahin ziemlich gerade Pfad meiner Identität zu gabeln. Auf dem Höhepunkt unserer Beziehung merkte Clotilde mahnend an, wir seien »Parenthesen« im Leben des jeweils anderen, eine Lektion auf dem Weg zu dem, was auch immer wir sein würden. Wenige Monate später, nach meinem Examen, saß ich in einem Flugzeug, nicht Richtung Tokio, sondern Richtung Paris, und weder mit Clotilde noch Betrys an meiner Seite.

Als ich damals, vor rund sechzehn Jahren, zum ersten Mal wirklich in Frankreich lebte und in einer trostlosen kleinen Industriestadt an der Grenze zu Belgien Englisch unterrichtete, aß ich abends oft in einem Kebab-Imbiss. Dort begrüßte man mich zu meinem Erstaunen manchmal auf Arabisch, eine Sprache, die ich kaum je gehört hatte. Die einzigen Araber, die ich mal als Kind in New Jersey kannte, waren zwei ägyptische Brüder, die sich redlich bemühten, als Schwarze durchzugehen. Eines Abends forderte mich der junge Algerier hinter der Theke unvermittelt auf: »Parle arabe! Parle arabe!« Ich konnte ihn nur verdutzt ansehen.

»Warum haben dir deine Eltern kein Arabisch beigebracht?«, fragte er, zunächst in einem mir schwer verständlichen Französisch und dann verzweifelt in gebrochenem Englisch.

»Weil ich Amerikaner bin«, erwiderte ich.

»Aber warum«, hakte er nach, »haben sie dich nicht auch in Amerika *deine* Sprache gelehrt?«

»Weil ich kein Araber bin«, sagte ich, verständnislos lachend, und einige Sekunden starrte er mich nur an.

»Aber deine Herkunft, welcher *Herkunft* bist du?«

»Schwarz«, sagte ich, und noch immer sehe ich vor mir, wie sein Gesicht diesen ungläubigen Ausdruck annahm. »Aber du bist nicht schwarz!« Jetzt schrie er fast. »*Michael Jordan* ist schwarz!«

Auch Weiße außerhalb der USA sind oft blind gegenüber Abstufungen des Schwarzseins. Das gilt erstaunlicherweise auch für weiße Amerikaner im Ausland. Ich werde nie vergessen, wie ich mir bei meinem ersten Aufenthalt in Paris während meines Auslandssemesters mit ein paar Kommilitonen in der Nähe von Notre Dame ein Eis kaufte. Wir setzten uns an einen Tisch am Fluss, und irgendwann kam ein weißer amerikanischer Tourist an, der uns hatte reden hören, und fragte, ob er sich zu uns setzen könne. Er war nett und jünger als wir, und ich weiß nicht mehr genau, was er sagte, aber recht bald ließ er einen zweifelhaften Witz über Schwarze vom Stapel. Als niemand lachte, wurde er puterrot und sagte entschuldigend, er habe gedacht, ich sei »mediterraner Herkunft«.

Genau das – anders wahrgenommen zu werden als daheim – machte Frankreich im 20. Jahrhundert für viele amerikanische Schwarze und besonders für GIs und Künstler so attraktiv. Sie fanden hier eine ungeahnte Freiheit vom Stigma ihrer *race*. Was nicht heißt, dass die Hautfarbe hier unbeachtet blieb. Sie hatte nur eine wesentlich andere Bedeutung. Frankreich ist seit langem ein Zufluchtsort für amerikanische Schwarze – anders als für afrikanische oder karibische Schwarze –, eben weil wir hier, anders als in den USA, zuallererst als Amerikaner und nicht als Schwarze gelten.[19] Auch das war eine Offenbarung für mich: die Idee, dass *race* nichts Intrinsisches und Unveränderliches ist, sondern etwas Wandelbares, Illusorisches und Aufgezwungenes. Oder, wie es der britische Soziologe Paul Gilroy formuliert, ein »Nachbild … die anhaltende Wirkung eines allzu unbedachten Blicks in das grelle, schädliche Licht« vergangener Kon-

19 Die Vorstellung, Gene bedingten eine bestimmte race-bezogene Identität oder soziale Realität, ist falsch. In einer faszinierenden, im *National Geographic* beschriebenen Studie nahmen Wissenschaftler Dutzende Menschen unter die Lupe, die einander fremd waren, aber genetische Ähnlichkeiten aufwiesen. Ziel war es »die Auffassung ins Wanken zu bringen, dass Menschen eindeutig in abgegrenzte Rassen eingeteilt werden können.« Ausgewählt wurden schließlich sechs Männer und Frauen, deren DNA »im Wesentlichen dasselbe ›rassische‹ Erbe aufwies, und zwar zu folgenden Anteilen: 32 Prozent nordeuropäisch, 28 Prozent südeuropäisch, 21 Prozent sub-sahara-afrikanisch und 14 Prozent südwestasiatisch/nordafrikanisch«.
»Wir haben nur auf die Zahlen geschaut«, sagte der Molekularanthropologe Miguel Vilar, der wissenschaftliche Leiter des Genographic Project. »Auf einem Tortendiagramm sahen sie gleich aus, in Wirklichkeit aber ganz unterschiedlich, und sie hatten auch unterschiedliche Selbstverständnisse, was Ethnie und *race* angeht.«
»Trotz der gemeinsamen genetischen Vergangenheit«, heißt es im Artikel, »sieht sich jeder Teilnehmer unterschiedlich: als schwarz, weiß, gemischt oder noch etwas anderes. Betrachte man sie als Gruppe, falle das Konstrukt von *race* in sich zusammen, so Vilar, denn die Zahlen schlügen sich nicht direkt in einer *race*-bezogenen Identität nieder.« (aus: Elaina Zachos, »The Surprising Way Saliva Brought These Six Strangers Together«, in: *National Geographic*, April 2018.

flikte und Vorurteile. *Race* wird nicht nur dadurch bestimmt, wer wir sind, sondern auch entscheidend dadurch, wo wir sind. So wie es heißt *All politics is local*, könnte man auch sagen *All race is local*. Das trägt der fundamentalen Tatsache Rechnung, dass es so etwas wie unterschiedliche Rassen der Spezies *Homo sapiens* im naturwissenschaftlichen Sinn nicht gibt. Vielmehr ziehen wir alle, je nach geografischer und kultureller Disposition, Schlüsse über andere Menschen und uns selbst. Und zwar auf Basis eines losen Zusammenspiels von körperlichen Merkmalen, Sprache, Sitte und Nationalität, die alle keine feste oder allgemeine Bedeutung haben. Es ist dieser fungible Aspekt unserer persönlichen Identität, der das Reisen so befreiend (und manchmal bedrückend) macht. Erst außerhalb der USA gelangte ich zu der erstaunlichen und bisweilen entfesselnden Einsicht, dass unsere Identität in Wirklichkeit ein ständiges Aushandeln ist: zwischen der Geschichte, die wir selbst über uns erzählen, und der, die unsere jeweilige Gesellschaft gern verbreitet; zwischen dem Gesicht, das wir im Spiegel sehen, und dem Bild, das die Menschen und Institutionen wahrnehmen, die uns zufällig umgeben.

Als ich nach jenem Jahr als Englischlehrer in Frankreich nach New York zurückkehrte, kamen Betrys und ich wieder zusammen, und ich schob diese Fragen nach der eigenen Identität weitgehend beiseite. Ich fiel in ein vorgestanztes Selbstverständnis zurück und lebte die nächsten vier Jahre ohne große Zweifel. Wir waren ein schwarzes Paar und betrachteten uns als solches – selbst dann, wenn wir mit unseren zwei weißen Müttern Essen gingen. Es war eine extrem komplizierte und bemühte Form der Einfachheit und ein untrügliches Zeichen, dass ich wieder in den USA war.

TEIL ZWEI

Heirat über Grenzen hinweg

2008, ich war sechsundzwanzig und noch Master-Student an der New York University, erhielt ich einen Vorschuss für mein erstes Buch, eine Schilderung meiner Jugend, der mein Leben veränderte. Obwohl ich hart dafür gearbeitet hatte, war es eine völlig unerwartete Erfahrung. Auf einmal genoss ich eine große Freiheit: Geld im Voraus für ein Werk, das ich vierzehn Monate später abliefern sollte. Als ich dann mein Examen bestanden hatte, fühlte ich mich an keinen Ort mehr gebunden, und auch das kam, nach einer Reihe von privaten Rückschlägen, einer Befreiung gleich. In Brooklyn hatte ich keinen festen Wohnsitz mehr – die Beziehung mit Betrys war endgültig in die Brüche gegangen –, und das Schreiben dieser Autobiografie bedeutete, dass ich den Großteil meiner Tage in Kindheitserinnerungen lebte. Wenn ich meinen Laptop zuklappte, wünschte ich nichts sehnlicher, als ein Anderer zu sein.

Den Herbst verbrachte ich in Paris, wo mir ein Freund eine kleine Wohnung zur Verfügung stellte, gleich hinter Montmartre im 18. Arrondissement. Nicht dass ich mir einbildete, in die Äußere Mongolei gereist zu sein, aber so wie ich aufgewachsen war, kam mir das Leben in Europa in vieler Hinsicht fremdartig vor. Es war eine magische, eine berauschende Zeit. Ich hatte mir ein Zitat von Roberto Bolaño unterstrichen und ins Notizbuch übertragen: »Vormittags schreiben, nachmittags überarbeiten, nachts lesen und den Rest der Zeit die Kunst der Diplomatie, Verstellung und Anmut praktizieren.« Das machte ich mir zum Motto. Die Straßen von Paris, die ich als Bachelor-Student noch in seliger Unwissenheit erlebt hatte, erschlossen sich mir nun, und es war betörend. Ich war nun keiner mehr, der im Quartier Latin oder in Bastille in Touristenfallen stolperte. Würde ich gefragt, was ich hier tue, könnte ich wahrheitsgemäß, wenn auch noch nicht mit letzter Überzeugung, sagen, ich sei Schriftsteller und arbeitete an einem Buch – *je suis écrivain* – ein Beruf, für dessen Wertschätzung man in Frankreich anders als in Amerika anscheinend eine Veranlagung hat.

In jenen Tagen suchte und fand ich so Vieles – in Esszimmern, Gesichtern, Freundschaften –, das zumindest für mich ganz ungewohnt war. Ich verbrachte viel Zeit allein, ging spazieren, recherchierte, gab mich Tagträumen hin und dachte über mich selbst nach, über Dinge, die mir aus dem Blick geraten waren. Dieses Leben war auf eine Weise anstrengend, wie es das Stemmen von Gewichten ist – Anspannung bewirkt Wachstum –, womit ich sagen will: Es lohnte sich. Das hier war nicht New Jersey, nicht mal das mir vertraute kosmopolitische Viertel in Brooklyn, wo aufstrebende Nachwuchsschriftsteller ihre Zeit damit verbringen, nervös auf die Agenten und Publikationslisten der Konkurrenz zu schielen, bis alle zerfressen sind von Neid und Angst. Dies war ein altes Land, in dessen Hauptstadt man werktags ein brechend volles Kino auf der *Rive Gauche* aufsuchen und sich Viscontis Verfilmung von *Der Fremde* von 1967 ansehen konnte, als sei es das Normalste der Welt. Als mich eine Schweizer Freundin einlud, den Film mit ihr zu sehen, hatte sie keinerlei Vermutungen darüber angestellt, was mich in Anbetracht der Hautfarbe meiner Vorfahren wohl interessieren könnte. Diese jähe existenzielle Tabula rasa hat mich, so glaube ich, nachhaltig geprägt. Jeder Film, jedes Buch, jedes Gespräch war hier potentiell lebensverändernd, und ich gierte nach neuen Erfahrungen. Die Ausweitung der Vorstellung von mir und meinem Platz in der Welt fiel zufällig mit einem besonderen Moment in der US-amerikanischen Geschichte zusammen. Nach meiner Rückkehr nach New York lagerte ich mein Hab und Gut ein, zog zu meinem Freund Josh aufs Sofa und meldete mich als freiwilliger Wahlkampfhelfer für Barack Obama in Philadelphia.

Das hatte ich im Winter zuvor schon einmal gemacht, in Baltimore, als ich nach Obamas Sieg über Hillary Clinton bei den Vorwahlen in Iowa von einem nie gekannten Idealismus beseelt war. Die Erinnerung daran ist mir fast peinlich, aber wie so viele meiner Freunde und Bekannten war ich damals überzeugt, mit Obama habe nicht nur die schlimme Politik unseres Landes ein Ende, sondern auch unsere Aufklärung in Bezug auf *race* begonnen. Auf einer Werbetour für mein Buch sagte ein Lektor seinerzeit halb im Spaß zu mir, es hätte besser »Barack Is the New Black« geheißen. Heute klingt das furchtbar voreilig, aber damals gab es zumindest in dem Teil von New York, in dem ich lebte, kaum Zweifel daran, dass uns Obama in eine *post-racial* Zukunft führen könnte. Die Realität sollte mich schnell einholen. Es war an einem kalten Morgen kurz vor den Vorwahlen in den Mid-Atlantik-Bundesstaaten, als mir zum ersten Mal dämmerte, dass die *race*-bedingte Krankheit unserer Nation eine sehr viel umfassendere Behandlung verlangte. Mit einem gemieteten Toyota Corolla hatten Josh und ich unseren Freund Kaspar in Manhattan abgeholt und waren südwärts auf die Interstate 95 gefahren. Die Nacht davor hatte ich stundenlang CNN geschaut und politische Blogs gelesen, weil ich vor Aufregung nicht schlafen konnte. Kaspar, ein deutscher Investmentbanker aus der Nähe von Hamburg, der sich mit seinem wohlhabenden Chef früh als Spendensammler für Obama engagierte, und Josh, mein jüdischer, bester Freund aus College-Zeiten, waren mindestens ebenso elektrisiert wie ich. Wir machten nicht mal Halt für eine Koffeinzufuhr, bis wir den Delaware zwischen New Jersey und Pennsylvania überquert hatten.

Vier Stunden und drei Milchkaffee später erreichten wir Obamas Wahlkampfzentrale in Baltimore, heiß darauf, in der Stadt auf Stimmenfang zu gehen. Man händigte uns Klemmbretter, Adresslisten, Fragebögen und stapelweise *Change We Can Believe In*-Flugblätter aus. Was braucht es mehr, dachte ich, als wir wieder in den Wagen stiegen und die Koordinaten in unser GPS tippten. Nach einigen Wendemanövern und einem flüchtigen Blick auf das Camden-Yards-Baseballstadion bog ich rechts in die North Decker Avenue ein und hielt schließlich vor einem heruntergekommenen, mit Brettern vernagelten Reihenhaus, das sich unter seinem eigenen Gewicht zu krümmen schien. Ich hatte ein Déjà-vu. Es war, als stolperten wir in eine Wiederholung von *The Wire*: Über den Kreuzungen baumelten, wie Turnschuhe über Telefonleitungen, blau-weiße Kameras des Baltimore Police Department; Kinder im Schulalter lauerten vor Hauseingängen und frühstückten Cheetos und Pringles; von den Stufen einer benachbarten Veranda wehte aufgeregtes Gerede über eine Auseinandersetzung vom Vorabend herüber; an zwei Haustüren zeugten Dellen vom Einsatz einer Polizeiramme.

Wir gingen hinauf auf eine Veranda aus unbehandelten Leichtbetonsteinen und klingelten. Eine korpulente Frau in Jogginghose und Arbeitsstiefeln öffnete die Tür, gerade so weit, dass diese noch wie ein Schutzschild vor ihr hing. Wir sagten, dass wir gern mit Jennifer über die Wahl am Dienstag sprechen würden. »Jennifer ist nicht zu Hause«, erklärte sie. »Aber ich sage ihr dann, dass die Leute von Senator Borama da waren.« Wir dankten ihr.

Als wir auf der anderen Straßenseite klingeln wollten, stellte sich uns ein Mann in den Weg – fehlende Zähne, kein Hemd, wie mit einem Tarnmuster grün-braun tätowiert – und rief ins Haus: »Hey, komm mal an die Tür, die Jesus-People sind wieder da!« (Die einzigen Weißen, die wir in dem Viertel sahen, waren umherziehende Gruppen von Missionaren.) »Nein, nein«, sagte ich, »wir kommen nicht wegen Jesus, sondern wegen Senator Obama.«

»Wegen wem?« Er kniff die Augen zusammen.

»Barack Obama«, sagte ich. »Am Dienstag findet in Maryland eine sehr wichtige Vorwahl statt. Können wir auf Ihre Stimme zählen?«

»Ich bin verurteilter Schwerverbrecher, kapiert? Ich darf hier nix und niemanden wählen.«

Mir ist nicht klar, warum mich diese Antwort völlig unvorbereitet traf. Hilfesuchend sah ich auf mein Klemmbrett. Auf dem Antwortbogen konnte man verschiedene Kästchen ankreuzen: »tendenziell für Obama« oder »Republikaner« oder »tendenziell für Hillary« oder auch »unentschlossen«. Aber »dauerhaft vom Wahlrecht ausgeschlossen« gab es nicht und auch keine persönlichen Erfahrungen, die mich dafür gewappnet hätten.

Als wir umkehrten, winkte uns die Frau in den Arbeitsstiefeln zu sich, wie ein Einwinker auf dem Flugfeld, wobei ihr eine glimmende *Newport Light* als Signalstab diente. »Hört mal, ich bin Jennifer«, sagte sie. »Ich dachte, ihr seid Bullen. Lasst mal sehen, was ihr da verteilt.« Ich gab ihr ein Flugblatt. Sie schaute es sich länger an.

»Hey, wartet mal, dieser Borama, der ist ja schwarz!«, rief sie plötzlich.

Als wir die East Monument Street überquerten, schlurfte eine zitternde Frau im Schlafanzug und schwarzen Mantel an uns vorbei, kaufte ein paar Jugendlichen ein Fläschchen Crack ab und verschwand um die nächste Straßenecke. Wir schauten weg. Einer der Dealer, kaum älter als zwölf, rief uns zu: »Hey, ihr verplempert eure Zeit. Hinter der Tür da wohnt keiner.« Wir dankten ihm und zogen weiter. Wir klingelten an Dutzenden weiterer Türen und ernteten Dutzende weiterer leerer Blicke. Wir sprachen mit Sechs- und Siebenjährigen, die nicht mit Gewissheit sagen konnten, ob bei ihnen jemand namens Kenny wohnte. Wir drückten unser Schriftgut einem älteren Mann in die Hand, der nach Bier stank und beim Anblick von Obamas Bild so aufgeregt wurde, dass er mitten auf die Straße lief und Vorbeifahrenden die frohe Botschaft zurief. Minuten später sahen wir ihn in den Schnapsladen gehen, mit einer braunen Papiertüte wieder herauskommen und sich weiter betrinken. Wir sahen viele Dinge, aber *hope* und *change* – Hoffnung und Veränderung – zählten nicht dazu.

Auf unserem Weg zurück zum Auto klingelten wir an einem weiteren Haus. Uns öffnete eine schlanke junge Frau mit Zöpfen und offenem Hosenstall. Außerdem war sie barbusig. »Hätten Sie einen Moment Zeit für Barack Obama?«, fragte ich, bemüht, ihr in die Augen zu schauen. Sie bejahte und blieb wie angewurzelt im Hauseingang stehen, während sie uns mit gläsernem Blick und wie in Zeitlupe zuhörte. Ein, zwei Minuten lang legten wir uns argumentativ ins Zeug. Die ganze Zeit lächelte und nickte die Frau, dann aber senkte sie den Blick, bemerkte, dass sie obenrum nackt war, und stürzte zurück ins Haus. Einen Moment später kam sie in einem ausgeleierten roten Unterhemd wieder. »Also können wir am Dienstag auf Sie zählen?«, fragten wir zum hundertsten Mal an diesem Tag.

»Klar«, sagte sie, die Arme vor der Brust verschränkt. »Was ist denn am Dienstag?«

Wir beschlossen, Feierabend zu machen. Zurück am Wagen, vor Frust wie betäubt, erinnerte ich mich daran, wie meine Mutter mir mal sagte, echte Armut sei vor allem das ständige Gefühl, nichts würde je klappen. Ich war erschöpft. Die Worte meiner Mutter vermischten sich in meinem Kopf mit denen von Marlo aus *The Wire*: »Du willst, dass es *so* läuft, aber es läuft ganz anders.«

Zurück im Wahlkampfbüro sackte ich auf einen Klappstuhl und begann, die Antworten auf meinem Klemmbrett auszuwerten. Eine andere Wahlhelferin, eine Jura-Studentin aus Washington D. C., setzte sich zu mir und fragte, wie es gelaufen sei. »Ich wäre überrascht«, sagte ich und wies auf meine Freunde, »wenn wir drei für Dienstag auch nur drei Stimmen gesichert hätten.«

Ob ihr Tag anders gewesen sei, wollte ich wissen.

»Um ehrlich zu sein, lief es hier viel besser als in South Carolina«, sagte sie. »Da unten war es echt deprimierend.«

»Hier lief es besser?«

»Ja. In South Carolina habe ich mit einem Mann gesprochen, der noch nie vom Präsidenten gehört hatte.«

»Wow, der hatte noch nie von Bush gehört?«

»Nein, der wusste gar nicht, dass es überhaupt so was wie einen Präsidenten gibt.«

Rückblickend wird mir klar, dass wohl niemand von denen, die ich damals auf Baltimores Straßen traf, gemeint hätte, dass wir in Sachen Identität irgendetwas Bedeutsames teilen, obwohl zumindest einige mich als »*mixed*« und damit »schwarz« wahrgenommen haben dürften. Welche Art der Gruppenzugehörigkeit hätte ein Außenstehender für real und relevant gehalten? Welche wäre ihm künstlich vorgekommen? Ein Jahrzehnt zuvor hatte Josh einmal, als wir die Frühjahrsferien mit Kommilitonen in Belize verbrachten, beiläufig von »Gringos wie wir« gesprochen und ich hatte gesagt: »Sprich für dich selbst, Mann, ich bin nämlich kein beschissener Gringo!« Er hatte mich einen Moment verständnislos angesehen und dann eine andere Formulierung gewählt, nämlich »College-Kids wie wir«. Für mich war das ein entscheidender Unterschied. Es brauchte noch einiges an Lebenserfahrung, bis ich begriff, aus welchem Prinzip ich mich damals gegen diese Zuordnung gewehrt hatte. An jenem Tag in Baltimore aber schien diese Zuordnung passend. Auf diesen ausgetretenen Verandatreppen war ich im Grunde ein Gringo, denn der unklare, trügerische Begriff der *race* überschneidet sich oft mit dem der Schicht und dem, was man am besten soziales oder Netzwerk-Kapital nennt. Muss ich wirklich so tun, als wären wir alle eins, alle sozial ununterscheidbar, um meine afrikanische Herkunft nicht zu verleugnen und die Erfahrungen meiner väterlichen Familie zu würdigen?

Ob jene Männer, Frauen und Kinder mein Aussehen für ein gemeinsames Wesensmerkmal hielten, das Josh und Kaspar fehlte – welches übergeordnete soziohistorische Geflecht auch immer uns unter dieselbe weitgefasste Farbkategorie subsumierte –, schien eine beschämend unpassende Frage angesichts dessen, womit sie damals zu kämpfen hatten und fraglos auch künftig zu kämpfen haben würden. Mir ist schmerzlich bewusst, dass dauerhafter Wohlstand für Menschen, die in den USA als schwarz gelten, laut jüngsten Langzeitstudien noch immer weitaus schwerer zu erlangen ist, als für jene, denen es erlaubt ist, weiß (oder auch nur nicht-schwarz) zu sein, und zwar aus vielerlei Gründen (teilweise vielleicht auch selbstverschuldet und selbstperpetuiert, aber das ist eine andere Debatte). Selbst Kinder schwarzer Eltern aus dem obersten ein Prozent der Gesellschaft rutschen unverhältnismäßig oft ab oder haben es schwer, sich zu behaupten. Ich weiß auch, dass mein eigener Status in intergenerationeller Hinsicht – und wahrscheinlich selbst für die vergleichsweise kurze Dauer unseres flüchtigen Daseins – statistisch gesehen weniger gesichert ist als der von Josh oder Kaspar. Und dennoch scheinen mir Faktoren wie Berufschancen, schichtspezifische Neigungen und Vorlieben, Bildungsniveau, räumliche Mobilität und nicht zuletzt das (Nicht-)Vorhandensein psychischer Verletzungen und Barrieren jene menschlichen Schicksale, denen wir dort begegneten, besser zu erklären als ethnische, nationale oder genetische Merkmale, die uns einten oder trennten.

»Was habe ich mit Juden gemeinsam?«, fragt Kafka in seinem Tagebuch. Es ist nicht die Art von Frage, die man laut stellt. Natürlich gab es soziale Kräfte und Denkweisen, die ihn, ob er wollte oder nicht, mit vielen Männern und Frauen verband, die in der Gesellschaft, der er angehörte, ebenfalls als Juden galten. Kafka ergänzt noch: »Ich habe kaum etwas mit mir gemeinsam.« Aber das macht die Ausgangsfrage nicht weniger bedenkenswert. Und obwohl ich einräume, dass Angehörige einer »race« oft bestimmte Einstellungen, Kulturen und Traditionen teilen, ist das zweifellos kein Naturgesetz.[20] Ich bin mir sicher, dass ich während jener surrealen und herzzerrei-

20 Als verblüffende Extrembeispiele fallen mir hier sofort die Jews for Jesus, die »Blexit«-Bewegung von Candace Owens und der Fall der früheren, sich als »transracial« bezeichnenden NAACP-Funktionärin Rachel Dolezal ein.

ßenden Erlebnisse in Baltimore etwas fühlte, das in meiner – zum Teil auch gesellschaftlich konstruierten – »schwarzen« Identität wurzelt und das Josh und Kaspar nicht fühlen konnten. Doch wofür genau ich da empfänglich war und was daraus für mein eigenes Leben und meine Ethik folgt, ist nicht so leicht zu sagen. Ich spreche von Ethik, denn ich bin fest überzeugt, dass das, was wir einander schulden, eng gefasste Gruppenidentitäten transzendieren und in universellen Werten verankert sein muss, wenn es überhaupt einen Sinn haben soll. (Natürlich ist »universell« ein umstrittener Begriff, aber immer noch der beste, den wir haben.) Jenes Elend in Baltimore sollte mich nicht stärker betreffen oder bekümmern als Kaspar und Josh, nur weil der afrikanische Anteil meines genetischen Tortendiagramms etwas größer ist oder ich durch meine väterliche Abstammungslinie noch Reste einer bestimmten sozialen Konditionierung erfahren habe. Genauso wenig sollten Josh und ich etwas fühlen, das Kaspar grundsätzlich unzugänglich ist, nur weil wir amerikanische Staatsbürger sind. Die gegenteilige Ansicht zeugt von einem zwar menschlichen, aber grundfalschen Stammesdenken, das multikulturelle demokratische Gesellschaften unbedingt ablegen müssen, wollen sie ihr Versprechen einlösen und ihr Potential ausschöpfen. So oder so werden wir herausfinden müssen, wie wir unsere multiethnischen Gesellschaften zum Funktionieren bringen. Und eine der zentralen intellektuellen Herausforderungen besteht nicht nur für Amerikaner darin, ein starkes und flexibles Selbstverständnis zu entwickeln, das sowohl die verbleibende Bedeutung vererbter Gruppenidentitäten anerkennt, als auch dazu führt, dass wir uns immer weniger durch solche Identitäten definieren.

* * *

Als ich Obama das zweite Mal als Wahlkampfhelfer unterstützte, war er schon auf gutem Weg ins Weiße Haus. Eines Samstags nahmen Josh – auf dessen Sofa ich lebte – und ich den BoltBus von Manhattan nach Philadelphia, wo man uns ein paar verwahrloste Straßenzüge in Fishtown zuteilte, jenem Stadtviertel, dem der Politologe Charles Murray in *Coming Apart*, seinem Buch über den Niedergang der weißen Arbeiterschicht, einen ganzen Abschnitt gewidmet hat. Dort habe ich dann zum ersten und einzigen Mal gesehen, was ich nur als innerstädtischen weißen Überlebenskampf beschreiben kann. Es war für mich ebenso fremd und aufschlussreich wie das, was ich Monate zuvor im schwarzen Baltimore gesehen hatte. Die Straßen wirkten mindestens ebenso bedrohlich. Waren wir in Baltimore Außerirdische gewesen, denen man mit leichter Neugier oder erkennbarem Desinteresse begegnete, schlug uns hier oft blanke Verachtung entgegen. Für die furchtbar gelangweilten Jugendlichen, die auf Veranden rauchten und herumgammelten, waren wir keine harmlosen »Jesus-People«, sondern die Verkörperung eines widerwärtigen und weibischen Linksliberalismus, deren Vertreter sie vielleicht in der Gegend um die University of Pennsylvania mal zu Gesicht bekommen oder auf Fox News angeprangert gesehen und dementsprechend zu verabscheuen gelernt hatten. Ihre höhnischen Mienen und manchmal auch ihre aggressiven Worte machten uns klar, dass diese Menschen – in ihrer Perspektivlosigkeit der lebende Beweis für den sinkenden Wert des »Weißseins« – einen schwarzen Präsidenten nicht im Mindesten als Fortschritt begriffen. Einige besonders Verbitterte warfen unsere Flugblätter auf den Boden, bevor wir mit unserem Sermon fertig waren. Aber das Viertel war nicht monolithisch. Es gab auch Leute, die etwas für Obama übrighatten, überwiegend Frauen und ältere Bewohner – Menschen aus der Arbeiterschicht, die aus grundsätzlichen Erwägungen reflexartig die Demokraten wählten, egal in welcher Farbe diese daherkamen. Nie werde ich die Szene vergessen, als uns eine übergewichtige, aschblonde Frau mit Sauerstoffschläuchen in der Nase die Tür öffnete. Sie sagte freundlich zu, zu wählen, bevor sie Josh beiseite zog und ihn anflehte, ihr zu helfen, ihre Krankenversicherung zu behalten. Sie sei entlassen worden, erklärte sie, und werde bald ihren Versicherungsschutz verlieren. »Könnten Sie das für mich tun – könnten Sie wohl Obama darum bitten?«, fragte sie Josh ganz ernsthaft, und ihre naive Vorstellung davon, mit wem sie da redete und was er für sie bewirken könnte, bestürzte und betrübte uns.

Tage nach der Wahl und nach der Welle der Euphorie, die am Abend des Sieges von Obama durch Brooklyns Brownstone-Viertel geschwappt war – mit meiner Vermutung, dass am 4. November 2008 besonders viele (nicht zuletzt auch »*mixed-race*«) Kinder gezeugt wurden, stehe ich nicht allein da – packte ich Bücher und Klamotten in einen Koffer und flog für den Rest des Jahres nach Buenos Aires. Ich hatte keine Wohnung, kein Netzwerk und keine Ahnung, was mich dort erwartete außer blauem Himmel, durchwachsenen Steaks und der Möglichkeit, mich wieder in meine Arbeit zu vertiefen. Ursprünglich hatte ich nach Mexiko-Stadt reisen wollen, in das ich verliebt war, seit ich am College den mexikanischen Spielfilm *Y Tu Mamá También* gesehen hatte. Zufällig war es auch der letzte Ort, an den Betrys und ich gemeinsam gereist waren. Wir hatten uns dort einige Tage in Condesa verkrochen und waren dann mit einem Mietwagen westwärts bis an den Pazifik gefahren. Ich wollte gern noch mal dahin zurück, und dieser Wunsch wurde umso stärker, je mehr ich ins Werk von Bolaño eintauchte, besonders in seinen ausufernden Roman *Die wilden Detektive*. Dessen Lektüre war ein einschneidendes Ereignis in meinem Leben und ein weiterer Beweis dafür, dass ein völlig Fremder, der in keine deiner Identitätsschubladen gehört, deine Sehnsüchte und Befindlichkeiten klarer ausdrücken kann als dein engster Verwandter.

Diese Freiheit des Kommens und Gehens war neu und aufregend. Noch immer halte ich sie für die einzige Währung, in der ein Schriftsteller bezahlt werden kann. Als ich in Buenos Aires ankam, kannte ich im ganzen Land genau zwei Menschen, die ich kontaktieren konnte. Der eine war ein schon älterer Schriftsteller, den ich bewunderte. Er war Mitbegründer einer Literaturzeitschrift, bei der ich mal ein Praktikum gemacht hatte, und führte in einem Penthouse in San Telmo – dem ältesten Teil der Stadt, der noch immer von Tango-Salons und elegant verfallenden Kolonialgebäuden geprägt ist – ein Leben, wie es sich jeder Zugereiste wohl erträumt. Die andere Person war eine schlanke, dunkelhäutige junge Frau mit Augen so hell, als leuchteten sie in ihren Höhlen. Sie war erst kürzlich aus meinem Viertel in Brooklyn hierhergezogen.

Ich hatte Alana vier Jahre zuvor bei einem Abendessen mit Freunden kennengelernt, als ich mit einer ihrer Kommilitoninnen aus Dartmouth zusammenarbeitete. Wir drei und ein weiterer Freund trafen uns zu einem zwanglosen Double-Date, obwohl wir wahrscheinlich alle in Beziehungen waren. Es schien mir damals, als habe uns diese gemeinsame Freundin nur deshalb miteinander bekannt gemacht, weil wir die zwei mit ihr befreundeten Schwarzen waren – was, wenn man kurz darüber nachdenkt, reichlich seltsam ist. Ich vermute das noch immer, nehme es ihr aber nicht übel. Alana war klug, ehrgeizig, schick gekleidet und hatte etwas Liebenswertes und Verletzliches an sich. Ehrlich gesagt fand ich sie an jenem Abend aus vielerlei Gründen attraktiv, die alle nichts mit einer gemeinsamen Ahnenreihe zu tun hatten.

In Buenos Aires checkte ich in einem schlichten Hotel ein und hoffte naiv, eine Wohnung werde sich schon finden und die Wohnungssuche ließe sich, wie in Paris, mit Englisch bewerkstelligen. Was aber beides nicht der Fall war. Nach mehreren Tagen schilderte ich Alana meine missliche Lage, worauf sie sofort zur Tat schritt und mir half, in Palermo eine Einzimmerwohnung zu finden und anzumieten. Sie war auf eine ähnliche Weise fröhlich und umsichtig wie meine Mutter und wie auch ich zu sein meinte. Anders als Betrys und ich hatte Alana zwei schwarze Elternteile und stammte aus der oberen Mittelschicht. Sie hatte nichts von der Hornhaut, dem Panzer oder Narbengewebe oder was immer meine alten Highschool-Freunde für Metaphern verwendeten, um ein Merkmal des Schwarzseins zu beschreiben, ein angeblich *race*-bedingtes Merkmal, das aber eigentlich, wie ich inzwischen begriffen habe, nur ein Merkmal der Persönlichkeit und Schicht ist. Da hielt ich mich also für frei und verwegen, aber es war Alana, die mir diese Freiheit mit ihrem fließenden Spanisch, das sie in Barcelona gelernt hatte, verwirklichte. Vielleicht hatte unsere gemeinsame Freundin doch mehr als nur Stereotype im Sinn, als sie uns verkuppeln wollte. Oder sie stereotypisierte auf so hohem Niveau, dass es zwingend wahr sein musste. Wäre ein Computer-Algorithmus zur Partnervermittlung eine Liste all meiner Freundinnen sowie Freundinnen von Freundinnen durchgegangen, er wäre kaum zu einem anderen Ergebnis gekommen.

In diesen sonnenüberströmten Wochen kam ich mit der Arbeit gut voran. Ich stand morgens auf und las beim Frühstück in einem Café um die Ecke noch einmal *Anna*

Karenina. Anschließend ging ich zurück in die Wohnung, werktags wie am Wochenende, riss die Fenster auf und schrieb bis spät in den Nachmittag hinein. Manchmal aßen Alana und ich gemeinsam zu Mittag, meist aber fanden wir zum Abendessen zusammen. Danach trafen wir Freunde, überwiegend andere hier lebende oder urlaubende Amerikaner, und nahmen dann ein Taxi zu meinem minimalistischen Einzimmerapartment oder ihrer gemütlichen Wohnung. Morgens gingen wir wieder getrennter Wege. Vielleicht gelang es mir damals, den Rhythmus und die Intimität einer monogamen Beziehung zu imitieren, weil ich wusste, dass dieser Lebensabschnitt ein Verfallsdatum hatte. Mein Rückflug war für die Weihnachtswoche gebucht. Ich würde Zeit bei meinen Eltern in New Jersey und auf Joshs Sofa in Brooklyn verbringen, bis ich mein Buch fertiggeschrieben hatte, was – wie ich den Leuten gern erzählte – meine einzige bindende Verpflichtung war. Ich gestattete es mir nicht, mit einer festen Freundin zurückzukehren, egal wie vernünftig das gewirkt hätte.

Alana und ich liefen uns später in dem Viertel von Brooklyn, in dem wir beide lebten, noch öfter über den Weg, und manchmal wurde mir dann bewusst, was unsere Beziehung in Argentinien ausgezeichnet hatte: dass mein Denken frei gewesen war vom vertrauten Gruppendruck. »Du hättest keine bessere schwarze Partnerin finden können«, sagte ein Freund mal zu mir, als er sie kennenlernte. Ich fand, dass er Recht hatte. Doch was ich an ihr schätzte, war etwas Spezielles und *sui generis.* Es hätte der Einschränkung »schwarze Partnerin« nicht bedurft, da wir nicht mit Gruppen oder Strukturen interagieren, sondern mit Individuen. Erst später wurde mir klar, dass ich auch ein Klischee erfüllt und einem statistischen Trend entsprochen hatte. Ich spreche von jenem amourösen Reise-nach-Jerusalem-Spiel, bei dem ledige schwarze Männer in unserer *race*-bewussten Gesellschaft das Vorrecht genießen, sich auf jeden beliebigen Stuhl zu setzen, so dass überproportional viele schwarze Frauen stehen bleiben müssen.

Ich lernte meine Frau in einer Bar in Paris kennen, nicht weit von der Place de la Bastille de Stalingrad. Ich war achtundzwanzig, und an jenem klaren Januarabend, in einem warmen Raum mit Blick auf den eisigen Kanal, gab es niemanden sonst, und ich war nur mir selbst Rechenschaft schuldig. Valentine kam mit einem gemeinsamen Freund, setzte sich mir schräg gegenüber, und irgendwas an ihr – wer weiß schon, welche Dinge dabei eine Rolle spielen – sprach mich sehr an. Ihr unbekümmerter Schmollmund und die gelbliche Lockenmähne, die über den alten Pelzmantel floss, in dem sie steckte, machten einen exotischen Eindruck auf mich. Wir redeten kaum miteinander, aber bevor ich mich verabschiedete, gab ich ihr meine Kontaktdaten für den Fall, dass sie mal in New York sei, wo ich lebte. Als Valentine zwei Monate später für ein Interview mit der Band MGMT in der Stadt weilte, schrieb sie mir und wir trafen uns auf einen Drink. Bei der Gelegenheit stellte ich fest, dass sie ziemlich lustig war und überhaupt nicht seicht, nur etwas schüchtern wegen ihrem Englisch, das sie teils in der Schule, in Kinofilmen und als Kind auf Reisen zu ihren Großeltern in Großbritannien aufgeschnappt hatte. Je länger wir uns unterhielten, desto mehr zeigte sich, dass wir viel gemeinsam hatten, vor allem das Bedürfnis zu reisen, den Glauben an die Macht der Worte und Ideen und die daraus resultierende Bereitschaft, unseren Lebensunterhalt mit Lesen und Schreiben zu verdienen und dafür auf Bequemlichkeit und Stabilität zu verzichten.

Einen Monat darauf trafen wir uns ein weiteres Mal, erneut in New York, und dann während eines beruflichen Aufenthalts in Paris zwei Monate später. Der Sommer brach gerade an, und wir verliebten uns rasend schnell ineinander. Als mein Rückflug näher rückte, bat sie mich, meine Pläne zu ändern und eine Woche mir ihr und Freunden auf Korsika zu verbringen. Was ich auch tat, und als es endgültig Zeit war aufzubrechen, versprach sie mir, mich gleich im August in New York zu besuchen.

Einige Tage, nachdem sie gelandet war, trafen wir uns mit meinem College-Freund Jason auf einen Drink. Aus Jux stellte ich sie ihm als die Frau vor, die ich heiraten würde. Ich meinte es nur im Spaß, aber sie griff die Bemerkung auf und bestätigte sie beiläufig und selbstbewusst: jawohl, das sei sie. Es war eine jener kleinen Gesten, die das Leben von Grund auf verändern. Ein Nachbar hatte mir den Tür-Code zum Gebäude gegenüber meiner Wohnung gegeben, dessen Dachterrasse eine spektakuläre Aussicht bot. Nachdem wir uns von Jason verabschiedet hatten, begaben Valentine und ich uns dort hinauf, für einen Absacker mit Blick auf das Empire State Building und die übrige orange-elektrifizierte Skyline von Manhattan. Noch zwanzig Sekunden vorher war mir nicht klar, dass ich es tun würde, aber als ich auf die Knie ging und ihr ohne Ring oder Plan einen Heiratsantrag machte, nahm sie an.

Am nächsten Morgen wachte ich neben meiner Verlobten auf, beglückt und zugleich mit einem Schreck, auf den mir die Begegnung mit Clotilde nur einen leichten Vorgeschmack gegeben hatte. Ich war erschrocken, weil man – wie es heißt – als Schwarzer »nichts weiter zu tun hat, als schwarz zu bleiben und zu sterben«, wobei das

Sterben der leichte (oder zumindest nicht-verhandelbare) Teil der Übung war, das Schwarzbleiben dagegen eine Frage des Willens und somit des Charakters. Obwohl ich mich schon lange nicht mehr als ein bestimmter *Typus* begriff, machte mir die Endgültigkeit der Entscheidung für eine weiße Frau zu schaffen. Und obwohl ich inzwischen wusste, dass »Schwarzsein« oder »Weißsein« *per se* keine Basis für eine Ehe oder gemeinsame Zukunft waren, konnte mich dieses Wissen nicht völlig beruhigen. Wie auch? Solche tiefen Ängste zu überwinden, ist nie eine rein rationale Angelegenheit.

Und so dachte ich an jenem Sommermorgen ausgerechnet an Eldrigde Cleaver, den Sprecher der Black Panther Party. Der hatte dem dekadent kosmopolitischen James Baldwin einen *race*-bezogenen »Todeswunsch« vorgeworfen, aus dem heraus sich Schwarze angeblich mit Weißen mischten. In *Seele auf Eis*, seiner Essay-Sammlung von 1965, wettert Cleaver gegen diesen »Selbsthass«, der so tief sitze, dass es niemandem gelinge, »ihn aufzudecken, nicht dem schärfsten Beobachter, nicht dem, der sich selbst hasst«. War es nicht genau dieser Selbsthass, der mich an der Aufforderung der Tante meines Vaters so angewidert hatte, er solle kein Mädchen mit nach Hause bringen, das dunkler sei als er? Hatte ich mir nicht genau deshalb immer geschworen, dieses Gebot zu missachten? Ich erinnerte mich an Cleavers gehässige Allegorie:

»Laut Elijah waren vor etwa 6300 Jahren alle Menschen der Erde natürliche Schwarze. Zurückgezogen auf der Insel Patmos lebend, setzte ein wahnsinniger schwarzer Wissenschaftler namens Yacub eine Apparatur in Betrieb, die mit Hilfe eines selektiven Geburtenregelungssystems aus Schwarzen Weiße machte. Die

Bevölkerungszahl auf Patmos betrug 59999. Auf der Insel durfte ein Paar nur dann heiraten, wenn seine Hautfarbe Unterschiede aufwies, so dass durch die Verbindung von Schwarz mit Braun und Braun mit Braun – doch niemals von Schwarz mit Schwarz – allmählich alle Spuren der Schwarzen in der Bevölkerung ausgelöscht wurden; der Vorgang wurde wiederholt, bis alles Braun ausgelöscht war und nur Menschen von roter Farbe übrig; das Rot wurde ausgebleicht, bis nur noch Gelb verblieb; das Gelb wurde ausgebleicht, bis nur noch Weiß vorherrschte. Auf diese Weise gelang es Yacub, der – da der ganze Vorgang Hunderte von Jahren dauerte – schon lange tot war, den weißen Teufel mit den blauen Augen des Todes zu gestalten.«

Vollendete ich nicht gerade allzu bereitwillig Yacubs finsteres Werk? Beging ich nicht einen erweiterten *race*-bezogenen Selbstmord, indem ich mich selbst *auslöschte* und die gesamte väterliche Ahnenreihe dazu? Der Gedanke drückte mich in die Matratze. Ich weiß nicht, wie lange ich so dalag und den Deckenventilator anstarrte. Irgendwann drehte sich Valentine zu mir und lächelte mich, wie ich glaubte, tapfer an. Vielleicht hatte sie meine Angst gespürt, vielleicht auch nur, dass ich am vorigen Abend nicht allein vor Liebe trunken gewesen war und womöglich nicht alles Gesagte so gemeint hatte. »Du musst das nicht machen«, flüsterte sie. »Du hast das Recht, dich umzuentscheiden.« Plötzlich lag mein Leben wieder formbar in meinen Händen, so formbar wie selten. Ich zog Valentine näher zu mir, aus Liebe, sicher, aber wohl auch aus einem gewissen Trotz: Ich würde mich nicht einschüchtern oder mit umgekehrter Psychologie – *Du willst doch nicht Yacubs kleine weiße Teufel erschaffen, oder?* – dazu bringen lassen, auf mein persönliches

Glück und Wollen zu verzichten. Was für eine Art Befreiung sollte *das* denn bitte sein? Du wirst diese Frau, die du heiraten willst, heiraten, sagte ich mir, und dass alles andere nebensächlich sei.

Als wir am folgenden Wochenende in New Jersey in der Küche meiner Eltern beisammenstanden, um auf die Neuigkeit anzustoßen, füllten so viele ungeschminkte Emotionen den Raum, dass mich die Erinnerung daran schwindlig werden lässt. Vor allem war da die riesige Freude von Eltern, die jene Art von Liebe erblicken, die Familien entstehen und gedeihen lässt und der künftige Generationen entspringen – eine Liebe, wie sie uns beide um die Wette strahlen ließ. Welcher Vater, welche Mutter ist nicht überglücklich, dies nach den vielen Herzschmerzen und Fehlversuchen endlich zu sehen? Außerdem gab es da die vielleicht auch erleichternde Erkenntnis, dass nun ein Abschnitt ihres eigenen Lebens zu Ende war. Ihr Jüngster ging auf die Dreißig zu und hatte jenes Jahrzehnt hinter sich, um das die Jugend der Millennials verlängert ist – etwas, das ihrer Generation, die das Erwachsensein nicht so einfach hatte aufschieben können, fremd war. Und dann gab es zweifellos auch Stolz: Zwar kannten meine Eltern Valentine noch nicht näher, wussten aber genug, um zu wissen, dass dies eine gesunde Beziehung war.

»Hat denn dein Vater Thomas schon kennengelernt«, fragte meine Mutter Valentine.

»Noch nicht, aber es wird ihm schon recht sein.«

»Und was, wenn nicht?«

»Dann machen wir es trotzdem.«

Ich erinnere mich, wie die Selbstsicherheit dieser jungen Frau meine Eltern für sie einnahm. Und ich erinnere mich an die Tränen, die meine Mutter in herzlichem Lachen vergoss und schnell wieder wegwischte. Auch wenn sie nichts dergleichen äußerte, dürfte mütterlicher Instinkt ihr gesagt haben, dass dieser Bund so gut wie sicher bedeutete, dass uns fortan ein Ozean trennen würde, meinen gegenteiligen Beteuerungen zum Trotz. Eher als allen anderen, als Valentine oder auch mir, war ihr klar, dass wir, vielleicht für immer, nach Paris ziehen würden. Diese leichte Traurigkeit meiner Mutter überraschte mich nur, weil ich ihr und auch mir sagen wollte, dass es dafür keinen Grund gab. Ich wollte mir nicht eingestehen, was sie wusste: dass Paare und junge Familien tendenziell in das gesellschaftliche Umfeld ziehen, in dem sie sich am besten entfalten können – so wie sich abwärts fließendes Wasser einen Weg bahnt. Meine Mutter sah, wohl anders als noch ihre Mutter Jahrzehnte zuvor, keinen »Schwarzen« und keine »Weiße« in ihrer Küche stehen. Sie sah zwei freischaffende Schriftsteller, einen amerikanischen und eine französische, denen ein Lebensumfeld gut tun würde, das ihnen so profane Dinge wie eine Gesundheitsversorgung, Kinderbetreuung und bezahlbaren Wohn- und Arbeitsraum bot. Die Schwierigkeiten, die sie vorhersah, waren nicht phänotypischer, sondern kultureller, sprachlicher und geografischer Art.

Die Reaktion meines Vaters war eine ganz andere, auch wenn sie ebenso überraschend kam wie das Weinen meiner Mutter. Pappy macht keinen Hehl aus seiner Sorge, dass wir immer auf *race*-bedingte Widerstände stoßen würden, auch wenn es nun vielleicht subtilere wären. *Ist Valentine klar, dass eine Weiße, die einen Schwarzen heiratet, in den USA stigmatisiert ist?* Sie sei da völlig furchtlos, versicherte ich ihm, worauf er eine ganz untypische, weil ganz ungetrübte Freude zeigte. Seine Unbeschwertheit verblüffte und berührte mich. In diesem denkwürdigen Moment begann ich die blues-artige Gelassenheit und Ambivalenz zu begreifen, die Pappy bezüglich *race* und seiner Kategorisierung als »Schwarzer« in den USA seit jeher an den Tag legt. Ich bewundere vor allem seine Bereitschaft, an zwei unvereinbaren Ansichten festzuhalten, nämlich »*Race* existiert nicht« und »*Race* hat mir tiefes Leid zugefügt«, und nicht zuzulassen, dass seine eigene Biografie die seiner Kinder bestimmt. Anders gesagt: Obwohl Pappy Amerika für heillos rassistisch hält, weigert er sich, rassistisch zu denken. Es machte für ihn überhaupt keinen Unterschied, dass Valentine eine »weiße« Haut hat und seine Enkel und Urenkel wahrscheinlich »weißer« sein werden. Der Mann, der mir vor Jahren noch erzählte, meine WASP-Mutter sei nur »etwas hellhäutig« und habe »ein schwarzes Bewusstsein«, erhob das Merkmal Hautfarbe nun nicht zum Fetisch. Und falls er die Gefühle meiner Mutter hinsichtlich unseres Fortzugs teilte, verbarg er sie. Ich denke, er sah in Valentine und mir eine Unabhängigkeit und Freiheit der Lebensgestaltung, die er in Wahrheit schon immer über alles geschätzt hat. In dieser Hinsicht steht mein Vater in der aufgeschlossenen und facettenreichen Denktradition eines Albert Murray, nicht in der engstirnigen und gehässigen eines Eldridge Cleaver: So sehr das Leben schwarzer Amerikaner durch ortsspezifische historische Umstände geprägt ist – und sich insofern von anderen afrikanischen Diasporagruppen unterscheidet –, ist es doch kein Spielball dieser Umstände. Ich sollte noch mehrere Jahre brauchen, um diese Ironie oder Ambivalenz von *race* wirklich zu verstehen.

Heute, nach acht Jahren Ehe, kommt es mir so vor, als sei mein Weg zu Valentine eine fast zwangsläufige Folge davon, allen Kollektiven und Ideologien abgeschworen zu haben und bei meinen Entscheidungen meinem Herzen gefolgt zu sein. Und doch verläuft kein Leben in völliger Isolation. Was schulden wir einander – nicht nur denen, die uns nahestehen, sondern auch völlig Fremden? Können »schwarze« Frauen oder auch »*Asian*« Männer, die im Unterschied zum jeweils anderen Geschlecht ihrer Gruppe statistisch gesehen deutlich seltener einen Partner irgendeiner *race* finden, ihre *race*-bezogene Identität wirklich aufgeben?[21] Von Zeit zu Zeit meldet sich in mir noch immer der Quälgeist Cleaver: *Wie kommt es denn, dass wir schwarzen Männer vergleichsweise oft außerhalb unserer* race *heiraten, wenn wir die Gelegenheit dazu haben?* Auf diese Frage fallen mir mehr neue Fragen als Antworten ein. Was soll es in einem Land, in dem »schwarze« Amerikaner zu knapp 25 Prozent europäischer Abstammung und obendrein eine ethnisch wie psychologisch vielfältige und damit »*mixed-race*« Bevölkerungsgruppe sind, überhaupt bedeuten, jemanden außerhalb der eigenen »*race*« zu heiraten? Und werden solche Probleme vielleicht dadurch verschwinden, dass es immer mehr Mischehen gibt und wir zunehmend mit Unterschiedlichkeit konfrontiert sind?

Tatsächlich heiraten sozial aufsteigende schwarze Männer so oft »über Grenzen hinweg«, dass Forscher mit Blick auf schwarze Frauen inzwischen von einer veritablen »Heiratskrise« sprechen. 2010, als ich heiratete und diese Daten erhoben wurden, waren knapp 70 Prozent der

---

21 Laut einer Studie des Pew Research Center von 2015 heiraten 24 Prozent aller schwarzen Männer nicht-schwarze Partnerinnen, während das umgekehrt nur für 12 Prozent aller schwarzen Frauen gilt. Und je höher das Bildungsniveau, desto größer die Kluft. Bei schwarzen Männern und Frauen mit einem Bachelor-Abschluss sind es 30 zu 13 Prozent. Zum Vergleich: 21 Prozent der »Asian« Männer gehen Mischehen ein, dagegen stolze 36 Prozent der »Asian« Frauen (2008 waren es sogar mal knapp 40 Prozent). Solche starken Geschlechter-Diskrepanzen gibt es bei Weißen und Hispanics nicht; hier liegt der Anteil der Mischehen bei 12 zu 10 Prozent bzw. 26 zu 28 Prozent.

schwarzen Frauen unverheiratet, darunter alle meine schwarzen Ex-Freundinnen, die aus unterschiedlichen Schichten stammen und unterschiedliche Bildungshintergründe haben.[22] Auch ich bin verblüfft, wie häufig meiner eigenen Erfahrung nach erfolgreiche und oft ausgesprochen *race*-bewusste schwarze Männer nicht-schwarze Frauen haben. Vor einigen Jahren nahm ich an einem Dinner teil, das der Schriftsteller Ishmael Reed in der Wohnung des Tenorsaxofonisten David Murray gab. Beide kannte ich bis dahin nicht persönlich, aber Reed, der in Paris auf Durchreise zu einer Lesung war, hatte einen Artikel von mir gelesen, mich über Facebook kontaktiert und eingeladen. Reed ist in der Black Community kein ganz so großer Name wie Toni Morrison oder Alice

---

22 In seinem 2011 erschienenen Buch *Is Marriage for White People? How the African American Marriage Decline Affects Everyone* empfiehlt der in Stanford lehrende Jura-Professor Ralph Richard Banks schwarzen Frauen, die bei der Partnerwahl unverhältnismäßig stark von race-bedingter Präferenz betroffen sind, sich auch außerhalb der schwarzen Community nach Ehepartnern umzusehen, nicht zuletzt unter »Asian« Männern. Man mag einen solchen Ratschlag aus guten Gründen für bevormundend halten und empört ablehnen. Doch laut Banks ist die Heiratswahrscheinlichkeit bei schwarzen Frauen nur halb so hoch wie bei weißen. Und mit doppelt so hoher Wahrscheinlichkeit heiraten sie nie. Schwarze Frauen mit College-Abschluss bleiben mit höherer Wahrscheinlichkeit als jede andere weibliche Bevölkerungsgruppe in den USA unverheiratet. Mehr als 70 Prozent aller schwarzen Neugeborenen haben unverheiratete Eltern. Die Mehrheit der verheirateten schwarzen Frauen mit College-Abschluss haben Ehemänner ohne College-Abschluss. Und die Diskrepanz der Ehe-Rate zwischen Schwarzen und Weißen ist unter Wohlhabenden noch größer als unter Armen. Trotz dieser ernüchternden Zahlen zeigen Studien, dass für die meisten schwarzen Frauen nur schwarze Männer als Liebespartner infrage kommen. In keiner anderen Bevölkerungsminderheit gibt es einen so geringen Wunsch nach einer Beziehung mit jemandem außerhalb der eigenen *race*. Die paradoxe Folge solcher Stammesloyalität ist, so Banks, dass sie den Mangel an heiratsfähigen schwarzen Männern nur noch verschärft.

Walker, aber doch einer der angesehensten lebenden Autoren. Ich fühlte mich tief geehrt. Ich erzählte Valentine von ihm, und dass ich am folgenden Samstagabend frei haben müsse. »Prima!«, sagte sie. »Sollen wir einen Babysitter organisieren, damit ich mitkommen kann?« Ich muss die Frage zu lange im Raum stehengelassen oder sie komisch angesehen haben. Als ich zu antworten begann – »Klar, aber du könntest dich vielleicht langeweilen …« –, wurde sie rot und lachte. »Du willst mich gar nicht dabeihaben, wenn du deinen wichtigen schwarzen Schriftsteller triffst, nicht wahr?«

Der Artikel, den Reed gelesen hatte, war ein Lamento über die Auswirkungen, die der Anblick außergerichtlicher Tötungen von unbewaffneten Schwarzen im Zeitalter von Smartphone-Kameras und sozialen Medien auf die kollektive Psyche hat. Ich plädierte dafür, dass mehr schwarze Amerikaner erwägen sollten, das Land zu verlassen, so groß dieses Opfer auch erscheinen möge. Ich hatte online teils heftige Kritik für meine Position einstecken müssen, die man leicht als elitär karikieren konnte. (*Na klasse, wie soll denn ein Michael Brown bitte von jetzt auf gleich nach Paris ziehen?*) Reeds Nachricht fühlte sich da wie eine Rehabilitierung an. Ein strammer *Pro-Black*-Autor, Westküsten-Genosse von Amiri Barakas *Black Arts Movement* und jemand, den man auf YouTube noch mit Huey P. Newton plaudern sehen kann – mit anderen Worten: ein über alle Zweifel erhabener Mann – unterschrieb quasi, was ich geschrieben hatte. Reflexartig war ich bemüht, ihn bloß nicht zu enttäuschen. Das war nicht nur schändlich, sondern auch unsinnig: Er hatte kein Recht, von meiner Frau oder mir ob unserer amourösen Entscheidung enttäuscht zu sein, egal wie er mein Auswanderungsargument beurteilte. Theoretisch war mir das klar, und ich versicherte Valentine, dass ich nichts dagegen hätte, wenn sie mitkäme. Zu meiner Überraschung war ich dann doch erleichtert, als sich herausstellte, dass sie es terminlich nicht einrichten konnte.

Abgesehen von dem, was ich gelesen hatte, wusste ich allerdings kaum etwas über den Mann, den ich unbedingt kennenlernen und beeindrucken wollte. Als ich an jenem Abend zu Murray ging, allein, mit der besten Flasche Languedoc, die ich mir leisten konnte, erwartete ich, in eine durch und durch schwarze Szene zu geraten – weniger »'Round Midnight« als Neuauflage der Harlem Renaissance auf der Rive Droite. Ich konnte die Jazz-Riffs schon durch den Flur wabern hören, doch als ich die Wohnung betrat, wurde ich von einer weißen Französin begrüßt, die sich als Murrays Ehefrau vorstellte. (Er selbst war, wie ich dann erfuhr, gerade auf einem Musik-Festival in der Schweiz.) Sie küsste mich auf die Wangen und führte mich ins Wohnzimmer, wo Reed – ein Baum von einem Mann mit einem grauen, gewitterwolkenartigen Afro – mir die Hand gab. Dann stellte er mich mit beeindruckendem Bariton seiner Ehefrau vor. Die natürlich ebenfalls weiß war.

Menschen lassen sich nicht auf Ideensysteme oder intellektuelle Positionen reduzieren. Und inzwischen ist mir klar, dass ich diesen Männern eben nicht dieselbe Unbestimmtheit der Beweggründe und des Geschmacks zugestanden hatte, die mir selbst zuzugestehen ich schon gelernt hatte. Als ich dann am Tisch noch neben einen gemeinsamen Freund, auch er ein schwarzer und in Paris lebender Schriftsteller aus New York, und *dessen* weißer Ehefrau platziert wurde, konnte ich der Frage nicht länger ausweichen, warum Männer wie wir, die wir tendenziell dafür bezahlt werden, uns kritisch mit dem Thema *race* auseinanderzusetzen – von Henry Louis Gates Jr. und James Baldwin über Jordan Peele bis hin zu meinem eigenen Vater und zahllosen anderen –, alle weiße Partnerinnen haben? Ist das Heuchelei oder gar Verrat, wie die Eldridge Cleavers und auch die Spike Lees dieser Welt uns glauben machen wollen? Oder könnte nicht eine besonders effektive und subversive Form des Kampfs gegen den Rassismus einer Gesellschaft darin bestehen, deren perverse Sitten und Gebräuche einfach zu ignorieren und ihre falschen Grenzen abzulehnen? Wir neigen dazu, Mischehen fast ausschließlich unter dem Aspekt der *race* zu betrachten statt dem der Religion oder Schicht. Aber warum sollte das die einzige oder auch nur vorrangige Dimension der Verschiedenheit und Ähnlichkeit sein, der wir – auch statistische – Beachtung schenken?[23]

Mit der Zeit kondensierten all diese Fragen für mich zu folgender: Besteht »der einzige Weg, mit einer unfreien Welt umzugehen«, wie Camus es formulierte, darin, »so absolut frei zu werden, dass die eigene Existenz ein Akt der Rebellion wird«? Genau diesen Weg ging 2012 die Philosophin und Künstlerin Adrian Piper, als sie, nachdem sie aus den USA nach Berlin übergesiedelt war, öffentlich verkündete, »sich vom Schwarzsein zurückzuziehen«. Natürlich war das eine provokante performative Geste, die man für albern, naiv, unverantwortlich, müßig, respektlos oder all das zugleich halten kann. Was aber, wenn wir den Gedanken dahinter ernst nähmen?

Sich von *race* zurückziehen, über Grenzen hinweg heiraten: Diese Spielzüge sind nicht dasselbe wie das sogenannte *passing*[24]. *Passing* gibt vor, subversiv zu sein,

---

23 Ich kenne Schriftsteller, die mit Anwältinnen verheiratet sind und weniger gemeinsame Lebenserfahrung haben als meine Frau und ich.
24 Als passing bezeichnet man das Phänomen, dass die soziale Identität einer Person in einer bestimmten Dimension – sei es *race*, Geschlecht, sexuelle Orientierung oder Ähnliches – von anderen anders

erhält letztlich aber die Regeln eines ungerechten Spiels aufrecht. Etwas völlig anderes ist es, das Spiel als solches abzulehnen. Aber steigt man wirklich aus dem Spiel aus, wenn man eine intime Beziehung mit einer »weißen« Person eingeht, in einer Gesellschaft, die zwar immer inklusiver wird, aber weiterhin das begünstigt, was sie unter »Weißsein« versteht? Ist das wirklich ein Akt der Rebellion oder doch nur eine weitere Form der Kapitulation? Diese heiklen Fragen bilden den Kern dessen, was Zadie Smith – deren Ehemann zufälligerweise weiß ist – das »hartnäckige Grauen vor dem Dazwischen« genannt hat: das Unbehagen an einer »*interracial*« Partnersuche, aber auch an »*mixed-race*« Identitäten als solchen sowie generell an der Aussicht auf eine wahrhaft *post-racial* Gesellschaft, die viele von uns doch angeblich anstreben.

In der Geschichte der USA gab es wenige Zeiten, in denen unsere *race*-bedingte Krankheit – die wie Camus' Pest stets latent ist – so heftig ausbrach wie Ende der 1960er-Jahre. Am 4. April 1968 wurde Martin Luther King Jr. auf dem Balkon des Lorraine Motels in Memphis (von einem weißen Rassisten) erschossen. Drei Jahre zuvor war Malcolm X im Audubon Ballroom in Harlem (von schwarzen Rassisten) niedergeschossen worden. Kalifornien und speziell Los Angeles waren noch immer erschüttert vom Zusammenbruch der öffentlichen Ordnung während der Watts-Unruhen im selben Jahr. Meine Mutter hatte damals an der San Diego State University gerade ihren Bachelor-Abschluss in Soziologie gemacht, nach einem Aufenthalt am Wheaton College, einer streng christlichen Hochschule in Illinois, wo sie ihren evangeli-

aufgefasst wird, als sie »eigentlich« ist, und diese Person dementsprechend auch anders behandelt wird. Zum Beispiel, wenn eine schwarze Frau mit relativ heller Haut als weiße Frau »durchgeht«. A.d.Ü.

schen Glauben vertieft und sich als ehrenamtliche Helferin in den Suppenküchen der South Side von Chicago neu erfunden hatte. Das ehrgeizige *Great Society*-Programm von Präsident Lyndon B. Johnson entfaltete seine Wirkung, und Mom beschloss, auf das geplante Master-Studium zu verzichten und ihren Idealismus in die Tat umzusetzen. Sie nahm eine Stelle im Rahmen des *War on Poverty Program* im San Diego County an, in Otay – demselben Viertel, in dem ihr Vater Pfarrer einer konservativen Baptistengemeinde war. Dort leitete sie eine Einrichtung, die schwarzen und mexikanischen Familien mit niedrigem Einkommen eine soziale und freizeitliche Grundversorgung bot.

Eines Abends veranstaltete sie ein Nachbarschaftstreffen, zu dem sie den Leiter der übergeordneten Behörde als Redner eingeladen hatte. Als der penible Südstaatler (nein, nicht »Südstaatler«, er komme aus dem Südwesten, insistierte er) vor ihr stand und seine Vision von sozialer Gerechtigkeit darlegte, lauschte meine Mutter andächtig. Es war, als spreche er nicht nur *zu* ihr, sondern *aus* ihr, als fasse er die unausgereiften Gedanken in Worte, die ihr schon seit Jahren durch den Kopf schwirrten. Als Atheist schien er christlichere Worte zu finden als ihr Vater auf der Kanzel.

Von da an arbeiteten beide zusammen. Bald war meine Mutter sowohl in den Mann wie in seine Mission verliebt und beschloss, ihn zu heiraten. Mein Vater, neun Jahre älter als sie, brauchte länger für seine Entscheidung. Er hatte Bedenken wegen der absurden Widerstände, auf die sie fraglos treffen würden. Zwar hatte der Supreme Court im Jahr zuvor im Fall Loving vs. Virginia die sogenannten »*Racial Integrity*«-Gesetze für landesweit ungültig erklärt. Doch laut Meinungsumfragen von Gallup lehnte die große Mehrheit der Amerikaner Ehen zwischen

Schwarzen und Weißen noch immer ab (unglaubliche 72 zu 20 Prozent). Um seine öffentliche Position und ihre Beziehung zu ihrer Familie nicht zu gefährden, mussten meine Eltern ihre Liebe geheim halten. Ein schmerzhafter *race*-bedingter Tribut, der mich fassungslos macht. Erst nachdem mein Vater eine Stelle in Los Angeles angenommen hatte, wohin meine Mutter ihm bald folgte, konnten sie offen und frei leben. Nach fünf Jahren der Vorsicht machte mein Vater ihr schließlich einen Heiratsantrag, als er sie beide für stark genug hielt, die prüfenden Blicke und die Ausgrenzung zu ertragen, die ihnen zweifellos bevorstanden, vor allem, wenn sie erst einmal Kinder hätten.

Natürlich war mein Vater da längst der erstickenden Enge seines Milieus im segregierten Süden entflohen. Aus beruflichen Gründen, aber wohl auch, weil er und meine Mutter sich ein eigenes Leben aufbauen wollten – weit weg von ihrer Familie und der unnahbaren Kirche in Kalifornien –, zogen sie immer weiter gen Osten, bis sie geografisch so weit von San Diego entfernt waren, wie es im kontinentalen Teil der USA nur möglich ist. In Folge dieser Flucht wuchs ich ohne jeden Kontakt zu entfernteren schwarzen und nahezu ohne Kontakt zu entfernteren weißen Verwandten auf. Wenn ich Freunden und Mitschülern erklärte, dass ich nur eine einzige Cousine hatte, die dreitausend Meilen westlich lebte, fanden das alle – Weiße wie Schwarze – so absurd wie bedauerlich. Als Kind fragte ich mich oft, warum nicht auch ich mich zu einer größeren Sippe zählen konnte. Aber ich wusste auch, dass mir in meiner Kleinfamilie außergewöhnlich viel Liebe und Aufmerksamkeit zuteilwurde, und hätte ich wählen müssen, hätte ich diese Fürsorge niemals gegen eine andere Familienkonstellation eingetauscht. Jedes substantielle *Wir* zu entbehren, hat aber auch noch ganz andere, weniger offensichtliche Vorteile, die ich erst als Erwachsener schätzen gelernt habe.

Das Problem *race*-bezogener Unterschiede wird nicht nur in den USA stets als ökonomisches, politisches, biologisches oder kulturelles Problem dargestellt. Ich dagegen halte es mindestens ebenso sehr für ein philosophisches Desaster und ein Versagen unseres Vorstellungsvermögens. Es fällt uns selbst im 21. Jahrhundert noch schwer, echte und feste *cross-racial* Bindungen auch nur zu denken. Es gibt Fotos meiner Mutter mit ihrer elterlichen Familie, die ich mir lange ansehen muss, bevor ich sie erkenne. Was ist das für eine Brut mit all diesen blonden Haaren, die der kalifornische Himmel so flammend gebleicht hat? Auf einem Foto, das in den späten 1950er-Jahren entstanden sein dürfte, ist Mom vielleicht dreizehn und steht neben ihren Eltern und kleineren Geschwistern. Natürlich sind die Kinder nur Kinder, will sagen: Unschuldige. Ihre Eltern aber leben in einem Land, in dem es noch keine allgemeinen Bürgerrechte gibt, und posieren vor ihrem neuen Heckflossen-Chevrolet mit einer Gleichgültigkeit, die mich an die Bemerkung von James Baldwin denken lässt, dass Rassismus uns alle entmenschlicht, den Rassisten aber noch viel mehr. Betrachte ich meinen bibelfesten Großvater, mit dem ich die Form des Gesichts unter meiner bräunlicheren Haut teile, habe ich zwiespältige Gefühle. Ich fühle sowohl Wut als auch Mitleid, vor allem aber die kalte Unwirklichkeit verwandtschaftlicher Beziehungen. (Dasselbe empfinde ich, wenn ich jenes alte Schwarzweißfoto betrachte, das mein Vater von seiner Mutter aufbewahrt hat, die ich nie kennengelernt habe und die starb, als ich noch klein war, und die, wenn ich es recht verstehe, meine Mutter nicht leiden konnte.) Es ist schwer zu glauben, dass wir überhaupt alle irgendwie miteinander verwandt sind. In Wirklichkeit sind wir nur im technischen Sinne eine »Familie«. Ich fühle mich diesem Mann (dessen kantige Gesichtszüge sich bei mir mit dem Afrikanischen die Waage halten) nicht stärker verbunden als dem Tortenstückchen meines DNA-Diagramms, auf dem »Senegal« steht.

Dennoch fasziniert er mich. Weder liebe noch hasse ich ihn. Er tut mir leid. Ich frage mich, welchen Preis er dafür zahlte, jahrzehntelang seiner vorgeblichen Christlichkeit nicht gerecht geworden zu sein, indem er sich nie um die typisch amerikanische Erfahrung von jemandem wie meinem Vater scherte – wissend, dass er versagte, aber unfähig, es zu ändern. Diese Erfahrung auszublenden, ihre Existenz zu ignorieren, sie soweit wie möglich aus dem Denken und Handeln zu verbannen und im eigenen Umfeld dafür zu sorgen, dass sie außen vor blieb, um sich dann, als diese Erfahrung ihn dennoch heimsuchte, abzuwenden, obwohl er wissen und hätte zugeben können, dass das nur äußerliche Gründe hatte – was war der wahre Preis für dieses klischeehafte Leben, in dem er sich verbarrikadierte? Welchen Tribut hat er für diese biedermeierliche Bequemlichkeit und kindische Moral gezollt? Ich betrachte das Foto und mein Blick wandert von ihm zurück zu meiner Mutter. Warum, so frage ich mich, nehmen manche Menschen genug Anteil, um ihre Komfortzone zu verlassen? Und trauen sich, die Illusion über die moralische Rechtschaffenheit des Stammes, in den sie hineingeboren wurden, aufzugeben? Warum können sich manche Menschen ein Leben jenseits abstrakter Grenzen vorstellen, während anderen das unmöglich erscheint? Was macht meine Mutter – den Blick mit einem unergründlichen Lächeln zur Seite gewandt – in meinen Augen so anders, so viel mutiger als jede andere Person auf dem Foto?

Erst jetzt, als Vater einer Tochter, kann ich den Verlust

ermessen, den sich mein Großvater zugefügt hat. Auch meiner Mutter und meiner Großmutter, ja, aber vor allem sich selbst. Einmal im Jahr, in jedem Herbst meiner Kindheit, kam meine Großmutter Esther von San Diego nach Newark geflogen und verbrachte zwei fröhliche Wochen bei uns in Fanwood. Zwei von zweiundfünfzig Wochen im Jahr – nicht gerade viel und für mich doch genug, um sie liebzuhaben und zu *kennen*. Ich kannte ihr Gesicht und ihr Lächeln, ihren Geruch und ihren langbeinigen Gang, bei dem ich doppelt so schnell gehen musste, um Schritt zu halten. Ich kannte die Wärme und Herzlichkeit ihrer Umarmung, ihren feinen Sinn für Humor und ihr Bedürfnis zu lachen. Ich wusste ohne jeden Zweifel, dass sie mich liebte. Während jener zwei Wochen war sie bei mir, womit ich meine, dass sie wirklich da war und sich für mein Leben interessierte. Sie half mir bei schwierigen Mathe-Hausaufgaben und ging mit mir zum Spielplatz. Sie kitzelte mich am Hals und dachte sich Insiderwitze aus, die nur wir beide verstanden. Damals fragte ich mich nie, warum Grandma uns immer allein besuchte. Warum ihr Mann immer zu Hause blieb, weit weg. »Ach, er fliegt doch so ungern«, war eine übliche Entschuldigung. »Er hat's gerade mit dem Rücken.« Solche Erklärungen genügten dem Kind in mir. Ebenso wenig fragte ich mich, warum er nicht zumindest mal anrief. Natürlich führte Grandma die Telefongespräche und unterschrieb alle Geburtstags- und Weihnachtskarten für beide.

Erst als Erwachsener wurde mir zu meinem Entsetzen klar, was sein Fernbleiben zu bedeuten hatte. Und erst wenige Jahre vor seinem Tod – ich hatte gerade mein Examen bestanden und verbrachte einen Monat im Haus von Joshs Mutter in San Diego – erkannte ich, wie kleingeistig und beschränkt die Weltanschauung meines Großvaters war. Ich erkannte es ganz plötzlich und deutlich, weil die Begebenheit nichts mit mir zu tun hatte.

Als Josh und ich meinen Großvater, der es tatsächlich böse am Rücken hatte, in jenem Sommer 2003 besuchten, war er auf einen Elektro-Rollstuhl angewiesen und völlig abhängig von meiner Großmutter, die sich unermüdlich um ihn zu kümmern schien. Grandpa war ein Feuer- und Schwefel-Christ, einer von den Männern, die man sich in einer anderen Epoche als Teilnehmer oder zumindest glühende Befürworter einer Ketzerverbrennung vorstellen kann. Aber er konnte auch auf charmant machen, und an diesem Tag war er bester Laune und gastfreundlich. Er schien ehrlich stolz zu sein, dass sein Enkel (ohne jede moralische oder sonstige Unterstützung seinerseits) einen Abschluss an der Georgetown University gemacht hatte. Andere Angehörige der Familie meiner Mutter waren ebenfalls gekommen, was der Zusammenkunft etwas Festliches gab.

Auch Bill war da, der jüngste Bruder meiner Mutter, den ich zwar kaum kenne, der aber in einem Sommer meiner Kindheit ebenfalls nach New Jersey gekommen war und mit uns auf so humorvolle und zugewandte Art im Garten Volleyball gespielt hatte, dass ich ihn ins Herz schloss (es ist verblüffenderweise gar nicht schwer, einem Kind seine Zuneigung zu zeigen!). Ebenfalls zugegen war ihr Cousin Walter, ein erfolgreicher und weltgewandter Mann, den ich an jenem Tag zum ersten Mal sah und inzwischen liebgewonnen habe, seit er uns mit seiner Frau Frannie mehrmals auf Reisen in Paris besucht hat. Für mich war es ein ungemein angenehmer Tag. Er gab mir ein Gefühl des Erwachsenwerdens und auch der Heimkehr an einen Ort, der mir bis dahin nur in meiner Fantasie und in den Erzählungen meiner Mutter eine Heimat gewesen war.

Nachdem Grandma den Kaffee und das Gebäck abgeräumt hatte, waren Josh und ich gerade dabei, uns zu bedanken und zu verabschieden, als ich ungläubig und peinlich berührt sah, wie mein Großvater in seinem Rollstuhl zum Bücherregal fuhr, ein frisches Exemplar des Neuen Testaments herausnahm und es Josh bedeutungsvoll in die Hand drückte. »Dies würde ich dir geben, mein Sohn«, sagte er. »Ich hoffe, du wirst es unvoreingenommen lesen und gut darüber nachdenken.« Mein Herz begann zu rasen. Wir hatten an jenem Nachmittag weder über Religion noch über unsere ethnischen Hintergründe gesprochen, so dass ich bis heute nicht weiß, wie mein Großvater erkannt hatte, dass Josh Jude ist. Hatte er es einfach aus der Krümmung der Nase geschlossen? Ich war zu jung oder zu schockiert, um die Wut zu äußern, die in mir aufwallte. Josh nahm das Buch und dankte meinem Großvater mit einer Höflichkeit, von der dieser sich eine Scheibe hätte abschneiden können. Als wir dann aber wegfuhren, Richtung Strand, in den südkalifornischen Abend und in die Unbeschwertheit hinein, dachte ich, dass ich meinen Großvater endlich als den *gesehen* hatte, der er war. Ich weiß noch, wie ich nun überzeugt war und mich vielleicht auch darin bestätigt fand: seine Kleingeistigkeit – das *war* er. Aber nicht er allein. Er übte nur unverhohlen das Vorrecht vieler ihm gleicher Männer und Frauen aus. Es war eine empörende Manifestation des normativen Anspruchs der WASP-Identität meines Großvaters. Der fälschlichen Annahme, die Vorurteile seines Stammes seien allgemeingültige Wahrheiten. Gäbe es ein Buch, das meinem Vater hätte helfen können, vom Schwarzsein zu konvertieren, mein Großvater hätte sich sicher ein Exemplar beschafft und es ihm großmütig überreicht.

Vor nicht allzu langer Zeit postete meine Tante Shirley, die jüngste Schwester meiner Mutter und deren mir liebste Verwandte, die auch so etwas wie die Familienchronistin auf Facebook ist, ein Foto eines Vorfahren, von dem ich bis dahin noch nie gehört hatte. Mit ihrem Post wollte sie Anton Spath, ihrem Ururgroßvater mütterlicherseits, zum Geburtstag gratulieren. Anton Spath wurde 1835 im hessischen Dietzenbach geboren, lernte den Beruf des Korbmachers und wanderte mit Anfang Zwanzig nach Baltimore aus. Er heiratete eine Frau namens Anna, und 1864, ein Jahr vor Ende des Amerikanischen Bürgerkriegs, kam ihr erstes Kind Anton Jr. zur Welt. Spath erwarb ein Stück Land, auf dem er Weiden anpflanzte, die er zu Körben verarbeitete, betrieb eine kleine Farm und verkaufte Steine aus seinem Steinbruch. Als sich die Gelegenheit bot, kaufte er auf einer Auktion weitere Häuser in der Nachbarschaft. Bei seinem Tod im März 1913 gehörten ihm in der Spath's Lane, der Oakdale Road und der Falls Road rund zwanzig Mietshäuser.

Ich sah den Post meiner Tante lange an. Aus der Art, wie sie und andere Verwandte ihn kommentierten – und wie viele weiße Amerikaner generell über ihre eingewanderten Vorfahren reden – spricht Bewunderung für jene Männer und Frauen, die es, in Europa in einfachen Verhältnissen aufgewachsen, in der Neuen Welt mit Fleiß und Beharrlichkeit zu Wohlstand brachten. Und das ist in einem gewissen Sinne ja auch richtig. Ich bin tief beeindruckt von dem, was Anton Spath als deutschsprechender Korbmacher in Baltimore geschafft hat. Aber diese *Jahreszahlen*, und die Unbekümmertheit, mit der man sie zur Sprache bringt, wühlen mich auch auf. Ich kann nicht umhin zu denken, dass zur selben Zeit, als Anton Spath seinen Besitz anhäufte und als *völlig* Fremder die Macht, Würde und Sicherheit genoss, die mit solchem Besitz einhergehen, die Sippe meines Vaters – die zum Teil schon seit Generationen in Amerika lebte, bevor Spath geboren wurde, und deren Wurzeln nach Europa wie nach Afrika reichten – nicht allzu viele Meilen entfernt versklavt waren.

Bevor ich beschloss, in ein Probenfläschchen zu spucken, um im Austausch dafür eine E-Mail mit meiner DNA-Analyse zu erhalten, trieb ich mich mehrere vermaledeite Wochen auf der Webseite Ancestry.com herum[25], um zumindest einen schütteren Stammbaum meiner väterlichen Familie zu erstellen. Für derlei Nachforschungen ist »Williams« – walisischen Ursprungs und der dritthäufigste Nachname in den USA – als Ausgangspunkt denkbar ungeeignet. (Als ich Jahre zuvor in Brooklyn mal eine bürokratische Angelegenheit zu erledigen hatte, erfuhr ich, dass es nicht nur über achtzig Männer namens Thomas Williams unter meiner Postleitzahl gibt, sondern auch über achtzig Männer dieses Namens mit Vorstrafen.) Der Mädchenname der Mutter meines Vaters, Mclemore, ist kaum hilfreicher. Ich kann ihn nur bis 1865 zurückverfolgen, das Jahr, in dem der Großvater meines Vaters mütterlicherseits geboren wurde, nämlich James »Pump« Mclemore (was ihn zu einem direkten Zeitgenossen von Anton Spath Jr. macht), vielleicht in Mississippi, vielleicht in Texas, jedenfalls genau auf Messers Schneide zwischen Fesseln und Freiheit.

25 Deren Technologie ist zwar alles andere als ausgereift, liefert zuweilen aber trotzdem tolle Ergebnisse. Nachdem ich zu Hause in Paris an unserem Esstisch stundenlang durch ein genealogisches Labyrinth geirrt war, stieß ich unerwartet und zu meiner großen Freude auf ein Foto des Grabsteins der Großmutter meines Vaters, Cora (von der Marlow ihren zweiten Vornamen hat), Tausende von Meilen entfernt in Texas und doch so greifbar nah und wirklich.

Davor ist das Nichts, ein Abgrund an Unmenschlichkeit, der nur selten Namen oder Daten preisgibt.

Pump Mclemore (der seinen Spitznamen wohl seinem Faible für die *pump organ*, das Harmonium, verdankte) zählt zu den allerersten Schwarzen in den USA, die in Freiheit geboren wurden. Er war zudem ein des Lesens und Schreibens kundiger Landbesitzer, als er Cora Jones heiratete, die Großmutter meines Vaters, die ihrerseits von Sklaven aus Louisiana abstammt. Das meiste, was ich über diesen Urahnen weiß, steht auf dem Datenblatt einer Volkszählung von 1910, das ich auf Ancestry.com aufgespürt habe. (Mir schwoll das Herz, als ich neben der Frage »Des Lesens mächtig?« das von ihm angekreuzte Ja-Kästchen sah.) Und von den wenigen Anekdoten, die Pappy von Cora gehört hat. (»Nach einem langen Tag mühseliger Feldarbeit badete er gern im Caddo River, der durch sein Grundstück verlief, und sang dabei.«) Weder ich noch mein Vater haben eine Ahnung, wie dieser Mann aussah oder wie in aller Welt es ihm gelang, Land zu erwerben. Was ich weiß ist, dass er und Cora, die sechzehn Jahre jünger war als er, acht Jungen und Mädchen hatten, bevor sie zur Witwe wurde. Die Mutter meines Vaters kannte ihre Mutter Cora die längste Zeit ihres Lebens nur verwitwet, vielleicht auch ihr Leben lang – wir wissen nicht genau, wann Pump Mclemore starb.

Bis vor kurzem hatte ich nie ernsthaft erwogen, Ahnenforschung zu betreiben oder meinen Vater zu befragen. Über die Generationen vor seiner Mutter hatte er von sich aus wenig erzählt, vielleicht weil es ihn so schmerzt, vielleicht auch weil schwarzen Kindern zu seiner Zeit allzu neugieriges Nachfragen untersagt wurde. So war es ihm in seiner Familie ergangen, und mir war es egal gewesen, bis Marlow geboren wurde. Erst ihre Gegenwart weckte in mir das Verlangen nach klareren Antworten. Mich quälte der Gedanke, dass sie ausschließlich ihre französische Herkunft über Jahrhunderte würde zurückverfolgen können, und zwar nicht weil diese Geschichte besonders ruhmreich wäre – tatsächlich galt einer ihrer Ururgroßväter, dessen Fabrik zur Produktion für die Nazis gezwungen worden war, nach der Besatzung als Kollaborateur –, sondern einfach weil diese Ahnenreihe nachweislich existiert, lückenlos, für jedermann sichtbar. Dennoch verliert jener schwarze Identitätskern, den ich immer für stark genug gehalten hatte, alles zu durchdringen, was er berührte, in dieser neuen Konstellation an Bedeutung.

Auf der 23andMe-Webseite informiert ein Disclaimer nicht nur über Veranlagungen zu Erbkrankheiten, sondern weist auch darauf hin, dass die Auskünfte »unwiderruflich« sind. Gut möglich, dass diese Warnung jenen 24 Prozent weißer Amerikaner gilt, die in ihrer Torte irgendein unerwünschtes Stückchen Afrika vorfinden werden. Denn Adrian Piper hat recht, wenn sie schreibt: »In diesem Land [...] ist die Existenz afrikanischer Vorfahren für weiße Amerikaner eine der bittersten Pillen, die man ihnen zu schlucken geben kann, auf einer Stufe mit Inzest, Mord und Selbstmord.« Der Grund für diese Aversion liegt nahe: In Amerika weiß zu sein bedeutet seit jeher, von Freien abzustammen und noch im größten Elend ein Mindestmaß an Würde zu besitzen – selbst wenn man als deutschsprachiger Korbmacher mit kaum einer Mark in der Tasche an der Küste vor Baltimore anlandet. Dagegen bedeutet schwarz zu sein seit jeher vor allem, durch die Unmenschlichkeit der Besitzsklaverei unweigerlich stigmatisiert zu sein. So wie jene beklagenswerten Jungfrauen in traditionellen Gesellschaften, die wegen einer erlittenen Vergewaltigung für immer unverheiratet bleiben müssen und verachtet werden. Kern all dieser essentialistischen Vorstellungen, die unser Denken über *race* seit so langer Zeit prägen, ist die Unterscheidung zwischen Menschen, die nach allgemeinem Verständnis durch eine angeborene Minderwertigkeit definiert sind, und jenen, für die das nicht gilt.

Trotz aller Tabus sind die Mauern zwischen den *races* nie undurchdringlich gewesen und heute poröser denn je. *Interracial* Beziehungen werden inzwischen anders wahrgenommen als früher – zumindest wenn die drängendere Frage nach der sozialen Schicht zufriedenstellend beantwortet ist. Ich wusste nicht, was mir bevorstand, als Valentine und ich den Zug von Paris in die Bretagne nahmen, um ihren Vater von unserer Verlobung zu unterrichten (und eben nicht, um seine Zustimmung zu erbitten). Aber ich wusste, dass meine Würde nicht in Gefahr war. Vielleicht liegt das daran, dass ich relativ helle Haut habe. Oder daran, dass ich davon ausgehen konnte, in Europa zuerst als Amerikaner wahrgenommen zu werden und nicht als Schwarzer. Oder auch nur daran, dass es mein Selbstverständnis und mein Gefühl von Geborgenheit in der Welt kaum beeinträchtigt hätte, hätte er an meiner *race* Anstoß genommen. Anders als mein Vater zu seiner Zeit konnte ich davon ausgehen, Vorbehalte meines Schwiegervaters nicht auf Schritt und Tritt in der Gesellschaft bekräftigt zu finden. Diese Veränderung, diese tendenzielle Aufhebung des Bannfluchs erlaubt einem – sofern man sie akzeptieren kann – selbst angesichts von Hass und Vorurteil eine gewisse Großmut. Doch es brauchte gar keine Großmut an jenem Abend, als ich Valentines Vater kennenlernte, im Garten jenes Hauses, das er jeden August anmietet, mit Blick auf das immerwährende Schauspiel in der Bucht von Saint-Malo, wo die Gezeiten so stark sind, dass man bei Ebbe eine

Meile weit hinausgehen kann. Mitten beim Abendessen verkündeten wir die Neuigkeit, und er reagierte, indem er von seinem Stuhl aufsprang, mich umarmte und auf beide Wangen küsste, bevor er seine jüngste Tochter bat, einen Tisch auf der Terrasse eines Restaurants im Ort zu reservieren, damit wir mit Champagner weiterfeiern konnten. Ich habe diese normale, angemessene Reaktion oft der brutalen Gedankenlosigkeit gegenübergestellt, mit der mein Großvater meinen Vater behandelte, und es stimmt mich zugleich traurig und optimistisch.

In meiner eigenen Ehe habe ich selten, wenn überhaupt, jene Art von Zerrissenheit erlebt, die ich einst an jener Supermarktkasse so schmerzlich empfand, als die weiße Frau meine Mutter und uns anstarrte und wie selbstverständlich annahm, dass wir nicht verwandt seien. Auch das hat viel damit zu tun, dass Mischehen heute weitaus üblicher sind als noch vor drei Jahrzehnten, und auch damit, dass wir immer in weltoffenen Großstädten gelebt haben. Aber es hängt auch damit zusammen, dass Menschen so viel mehr sind als ein Bündel physischer, nationaler oder ethnischer Merkmale. Valentine ist eine Frau mit Soul im Blut, die tanzen kann und mit schwarzer Musik aufgewachsen ist – die selbst ich zum Teil nicht kannte –, aber nicht mit den dazugehörigen amerikanischen Mythologien. Ich wiederum habe mich im Studium jahrelang mit Frankreich beschäftigt und kann uns beide noch immer damit überraschen, meiner Frau Aspekte ihres Landes oder ihrer Literatur zu erläutern, von denen sie nichts wusste. Wir entsprechen kaum den klischeehaften Vorstellungen des jeweils anderen, was ein Segen ist, weil es uns zwingt, einander von Grund auf kennenzulernen, als Individuen statt als Repräsentanten einer *race*. Unsere Ehe ist in so vielen bedeutsameren Hinsichten ein hybrides Gebilde als nur hinsichtlich, sagen wir, der

Struktur unserer Haare. Andererseits: Wie könnte ich nicht denken, dass die Haare und vor allem die Augen meiner Frau in unserer Gesellschaft noch immer für wertvoller gehalten werden als meine? Weshalb sonst haben uns wildfremde Menschen – gewiss in guter Absicht – auf der Straße angehalten und gerufen *Oh la la, les beaux yeux bleus!*, als sie unsere kleine Tochter sahen? Das erklärt auch, warum Charles, mein bester Freund aus Highschool-Zeiten, eine Weile lang farbige Kontaktlinsen trug, und es erklärt auch, warum mich vor Marlows Geburt die Frage stark beschäftigte, ob sie Cleavers »blaue Augen des Todes« haben würde. Aber das ist genau die Art von Voreingenommenheit, die ich ablegen kann und muss – ohne dabei in die Falle der Verbitterung zu tappen –, denn es sind solche kleinen und willkürlichen Vorlieben, die ganze Weltanschauungen am Leben halten.

Wie alle Eltern plagen mich eine Menge genereller Ängste um das Wohlergehen meiner Tochter. Dazu zählt allerdings nicht jene Angst, die über weite Strecken der zweiten Amtszeit Obamas in meinen Facebook- und Twitter-Feeds zum Ausdruck kam und die unter Trump noch stärker geworden ist. Ich meine das Gefühl, in ständiger Bedrohung zu leben, wie es viele schwarze Eltern, die ich kenne – sogar solche, die für Hedgefonds arbeiten –, geäußert haben, seit Trayvon Martin umgebracht wurde. Vor einigen Jahren kursierte im Sommer unter Dutzenden dieser Eltern das Video eines weißen Polizisten, der in einem öffentlichen Schwimmbad nahe Dallas eine 14-jährige Schwarze, die nichts als einen Bikini anhatte, zu Boden riss, sich auf ihren Rücken kniete und seine Waffe auf jeden richtete, der dem Mädchen zu Hilfe kommen wollte. Auch wenn ich ihre Empörung teile und mir bewusst ist, dass so etwas auch mich treffen könnte, kann ich doch hundertprozentig sicher sein, dass Marlow so etwas nie widerfahren wird. Wie könnte ich leugnen, dass ein Teil von mir darüber wirklich erleichtert ist. Und wie könnte diese Erleichterung nicht wiederum nach Verrat riechen?

Bleibt die störrische Frage: Ist es für Schwarze angesichts dieser Zusammenhänge ethisch vertretbar, mit Menschen, die nicht ihrer »race« angehören, Liebesbeziehungen und Ehen einzugehen und Kinder zu haben, statt sich untereinander strategisch zu verbünden? Die Frage stellt sich umso dringlicher angesichts der demografischen Entwicklung in den USA. Könnte in Zeiten, da die Ein-Tropfen-Regel, mit der ich aufgewachsen bin, langsam ihre Gültigkeit verliert, der Aufstieg einer verhältnismäßig privilegierten weiß-beigen Bevölkerung (einschließlich *Asians*, *Latinos* und weiterer kaum noch »schwarzen« Mischungen), die von solchen Sorgen unbelastet und – da im klassischen Sinne selbst eine Minderheit – gegen Vorwürfe des White Privilege gefeit ist, dazu führen, dass die stigmatisierte, dunkelhäutige Bevölkerung noch stärker vernachlässigt wird? Oder könnte es sein, dass das Heiraten über Grenzen hinweg – wenn »Weißsein« erst einmal für nichts Reales oder Erstrebenwertes mehr gehalten wird – ein sinnvoller oder gar unverzichtbarer Teil der Lösung für den Schlamassel eines Rassismus ohne Rasse ist? Die Antwort auf all das lautet meiner Meinung nach: Ja. In Anbetracht dessen und des hohen Tributs, den die Beibehaltung des Status Quo fordern würde, stellt sich die Frage: Was ist zu tun?

TEIL DREI

Selbstporträt eines Ex-Schwarzen

Mit ihren 85 Jahren ist Genevieve, die Witwe von Valentines Großvater mütterlicherseits, eine rüstige und imponierende Parisienne. Sie wuchs in Internaten und mit Bediensteten auf, und mit einem Besitzdenken, das weder Valentine noch mir je eigen sein wird, was mit *race* und Schicht und mit demografischen Entwicklungen zu hat, die einen weltweiten Wettbewerb um Ressourcen bedingen. Als Kind spielte und tanzte sie Ballett mit Brigitte Bardot. In einem Dokumentarfilm, der öfter mal im französischen Fernsehen läuft, ist ein Foto zu sehen, auf dem die beiden schick frisierten Teenager gemeinsam Pirouetten drehen, bei Proben für eine Wohltätigkeitsaufführung am Théatre du Chatelet. Selbst mit dem Abstand so vieler Jahre sieht es nach einem herrlichen Leben aus. Alle ein bis zwei Monate fahren Valentine und ich, inzwischen mit Marlow im Schlepp, die anderthalb Stunden hinaus zu ihrem Haus in der Normandie. Es ist der Ort, an dem wir geheiratet haben und mit dem Valentine viele prägende Erinnerungen verbindet. Das Haus ist so abgeschieden, dass seine Adresse ohne Hausnummer auskommt. Es liegt an der Kreuzung zweier schmaler Straßen, umgeben von Apfelbaumwiesen, Pferdehöfen und Milchviehbetrieben, die hier die *route du cidre* säumen. Viele Städte und Dörfer auf dem Weg sind einem dem Namen nach durch ihre Käsespezialitäten bekannt. Für Valentine ist das Anwesen schon immer eine Oase gewesen, und verständlicherweise möchte sie, dass auch Marlow es schätzen lernt, solange es noch in Familienbesitz ist. (Die nächste Generation wird es wohl nicht mehr unterhalten können.) Es gibt das alte Haupthaus, in dem sich früher mal eine Apfelpresse befand, ein Gästehaus und mehrere kleine Nebengebäude, alle mit dem für diese Region typischen knorrigen Fachwerk. Es gibt Wildwiesen, Teiche, einen gewellten Rasen sowie, für die seltenen warmen und sonnigen Tage, einen in den Hang gebauten Swimmingpool, inmitten eines Gartens voller Blumen, die Genevieve immer wieder zu prächtiger Blüte bringt. Das Anwesen ist nicht feudal, hat aber doch die Größe des Stadtparks, in dem ich als Kind in New Jersey meine Sommer verbrachte. Ich bin mir sicher, dass die einzigen Schwarzen, die diesen Grund und Boden außer mir und einem Freund von Valentines Cousine je betreten haben, Gäste meiner Hochzeitsfeier waren.

Genevieve war vierzehn, als erst die Nazis und dann die Amerikaner das Anwesen ihrer elterlichen Familie in der Normandie beschlagnahmten, um dort Soldaten einzuquartieren. Wie mein Vater lebte sie in einer Welt, die ich mir nicht recht vorstellen kann. Ihr Bruder fiel im Krieg, wenige Wochen nach der Einberufung, und sie hat mir erzählt, es sei oft so schlimm gewesen, dass sie einmal vielleicht sogar Menschenfleisch gegessen habe. Nach Kriegsende aber kehrte sie mehr oder weniger in ihr normales Leben zurück, in das der Country Clubs und der unteren Oberschicht einer europäischen Gesellschaft, die weltweit noch immer viele Kolonien und erheblichen Einfluss besaß. Bevor ich sie das erste Mal traf, war ich mir – trotz der Begegnung mit Valentines Vater – unsicher, wie sie auf mich reagieren würde. Eine Frau ihrer

Generation, aufgewachsen in einer Kultur, die vieles war, aber gewiss nicht vielfältig – es hätte mich nicht überrascht, wäre sie kühl oder reserviert gewesen. Dass sie es nicht war, dass wir einander auf Anhieb sympathisch fanden und ich mich dank ihr in Valentines Zuhause wie zu Hause fühlte, war dennoch keine Überraschung. Schließlich hatte ich ihr keinen Grund gegeben, sich mir gegenüber anders zu verhalten. Im Unterschied zu vielen schwarzen Amerikanern erwarte ich in der Regel wirklich, auch von Weißen ganz normal behandelt zu werden. Allerdings frage ich mich, warum ich ihr dann doch wie selbstverständlich *zugutehalte*, mich ohne Weiteres akzeptiert zu haben.

Trotz oder eigentlich: *wegen* dieser freundlichen Aufnahme muss ich in der Normandie oft über Hautfarbe nachdenken. Sobald dort erste Sonnenstrahlen den schweren Himmel durchstoßen, eilen Valentine, ihre jüngere Schwester Juliette und ich für ein Sonnenbad hinaus in den Garten. Juliette, deren Familie mütterlicherseits aus der südfranzösischen Grenzregion zu Spanien stammt, wird deutlich brauner als ich, was uns beide immer wieder amüsiert. Marlow ist die Bleichste in der Familie, und Valentine und ich müssen ständig aufpassen, dass sie keinen Sonnenbrand kriegt. Und dann gibt es da noch das dunkelbraun glänzende Gesicht, das mich vom Couchtisch aus anstarrt. Denn außer einem Muntjakgeweih und mehreren Reitergrafiken – anachronistischen Insignien der Meisterschaft – besitzt Genevieve auch den erstaunlichen Porzellankopf einer Sklavin oder Dienerin, mit wulstigen Lippen und Glupschaugen (und mit Deckel, denn der hohle Kopf dient zum Aufbewahren von Bonbons, Schlüsseln oder anderem Krimskrams). Wann immer ich im Wohnzimmer bin, fesselt dieses Souvenir meine Aufmerksamkeit.

Zum ersten Mal erblickte ich den Kopf beim Gang ins Bad, wo ich mich vorm Mittagessen – wir waren gerade schwimmen gewesen – noch waschen wollte. Als ich dann am Esstisch Platz nahm, bat ich Valentine mir zu sagen, dass ich mich verguckt hätte. Sie wurde rot. Wir aßen die Berge an Meeresfrüchten, die Genevieve aufgetischt hatte, danach den obligatorischen Käse der Region, und ich war mit meinen Gedanken längst wieder woanders. Doch als ich meinen Kaffee mit hinüber zur Couch nahm, spürte ich den Blick dieses verfluchten Kopfs auf mich geheftet. Er starrte mich an. Taxierte mich. Oder beschwor er mich gar, auf keinen Fall zu vergessen? Oft verstecken Valentine oder ihre Cousinen den Kopf, wenn ihre Großmutter nicht hinsieht, aber manchmal ist es unauffällig nicht möglich, und ich habe nie darauf bestanden. Aber ich habe mich gefragt, ob mich das nicht schon zum Verräter macht.

Ich könnte Genevieve nicht erklären, warum ich nicht möchte, dass meine Tochter diesen Gegenstand sieht, sobald sie dessen historische Bedeutung begreift. Es wäre ihr peinlich, das weiß ich, aber ich gebe mich nicht der Illusion hin, dass sie wirklich verstehen könnte, inwiefern dieses Andenken ein so existenzielles Problem für mich darstellt. Valentine dagegen versteht es. Ich habe mich ihr gegenüber ausgiebig beklagt, doch das Merkwürdige ist, dass mir, je mehr ich mich beklage, umso klarer wird, dass ich ebenfalls eine Rolle spiele. Dass ich mich regelrecht zwinge, eine Wut zu teilen, die irgendwo außerhalb von mir existiert – eine Wut, die nie rechtmäßig *meine* war. Die Erfahrungen hinter dieser Wut sind die Erfahrungen anderer, sind Teil einer Erinnerung. Meine Frau und ich können über meinen Schmerz diskutieren, bis wir irgendwann anfangen zu lachen, weil die Verletzung zu abstrakt, zu künstlich bleibt. Ich fühle mich nicht als Opfer, als Teil eines Opferkollektivs. So sehr ich mich bemühe: In jenem traurigen Porzellankopf sehe ich weder mich noch meinen Vater noch irgendjemanden sonst, den ich kenne und liebe. Warum also sollte mich diese abscheuliche Vergangenheit auf eine *wirklichere* Weise vereinnahmen und definieren, als meine mehr oder weniger harmonische Gegenwart (vielleicht ist die nicht wirklich harmonisch, aber welches Leben ist schon perfekt oder mit irgendeinem anderen vergleichbar) und die noch ungeschriebene Zukunft meiner Tochter?

Ich weiß allerdings, dass es für Angehörige historisch unterdrückter Gruppen fast erleichternd sein kann, Belege für Vorurteile oder Respektlosigkeit zu finden: *Was habt ihr denn gedacht?* Natürlich *hat sie einen wollhaarigen Sklavenkopf auf dem Couchtisch stehen!* Rassismus wird es – wie »race« – immer geben, sagen wir uns, den wird man nicht los, nicht mal zeitweise. *Wacht auf, Leute! Wacht auf und haut ab! Get out!* »Es ist leichter zu glauben, die Welt ändere sich gar nicht«, sagte Leon Wieseltier einmal mit Bezug auf Antisemitismus, »als zu glauben, die Welt ändere sich langsam.« Aber die Wunde kann tatsächlich heilen; ich habe es erlebt. Der Sklavenkopf mag in seiner schrecklichen Anschaulichkeit verstörend sein. Was mich dennoch zuversichtlich stimmt, sind generelle Entwicklungen in unser aller Leben, die wir dort oben in der Normandie versammelt waren. Die Umstände, unter denen Menschen wie Valentine und ich einander kennenlernen und miteinander leben, haben sich enorm verändert (und werden es weiterhin tun). Und schon jetzt haben wir eine zwar chaotische und nicht perfekte, aber wirklich liebevolle und offenherzige Familie geschaffen. Besonders eindrücklich ist mir in Erinnerung, wie Genevieve mit meinem Vater umging, wie warmherzig sie ihn und meine Mutter empfing, nach derer beider Befinden sie sich bei jeder Gelegenheit erkundigt. Ich erkenne mich nicht im Herrn und Gebieter wieder und will es auch nicht, aber kann – und *sollte* – ich wirklich behaupten, im Gesicht jener Sklavin mein eigenes ewiges Antlitz zu erblicken?[26]

* * *

Mehrmals im Jahr spreche ich an Hochschulen über mein erstes Buch *Losing My Cool*, eine persönliche Abhandlung über den Einfluss der Straße auf die schwarze Jugendkultur. Seit ich mit Valentine verheiratet bin und in

---

26 Die hier geschilderte Situation würde heute im akademischen Diskurs und in den Sozialen Medien als ausgewachsene »Mikroaggression« gelten. Der Psychologie-Professor Derald Wing Sue, der den (ursprünglich von Chester M. Pierce geprägten) Begriff populär gemacht hat, definiert Mikroaggressionen als »alltägliche verbale, non-verbale und umfeldbedingte Kränkungen, Brüskierungen oder Beleidigungen, die anderen Menschen – ob beabsichtigt oder nicht – feindselige, abwertende oder negative Botschaften senden und deren Zugehörigkeit zu einer marginalisierten Gruppe betreffen.« Genevieves Warmherzigkeit mir und meiner Familie gegenüber ist bemerkenswert und bedeutet mir persönlich sehr viel. Aber es stimmt, dass dies nur ein einzelnes Verhalten ist, während der Porzellankopf zu einer größeren Matrix der Erniedrigung von Schwarzen gehört – ganz gleich, wie sie mich behandelt und was sie beabsichtigt. Er ist Überbleibsel eines blanken Rassismus, der schwer auszumerzen ist und von Weißen wie Schwarzen leicht internalisiert werden kann, zum Nachteil letzterer. Aber letztlich lautet die einzige Frage, die ich zu beantworten habe: »Lässt du zu, dass dich das verletzt?« Und meine ehrliche Antwort darauf lautet: »Nein, ich lasse das nicht zu.« Auf unserem Weg hin zu einer Welt ohne *race* und Rassismus – der wir schrittweise wirklich näherkommen – wird es unzählige kleine Situationen wie die hier von mir beschriebene geben, mit Mikroaggressionen im Grenzbereich zwischen einer rassistischen Vergangenheit und einer perfekteren Zukunft. Man kann sie entweder herausstellen und aufbauschen oder möglichst herunterspielen. Für letzteres braucht es jemanden, der den ersten Schritt tut. Mir ist es wichtiger, diese perfektere Welt zu erreichen, als immer nur der Zweite zu sein, der sich bewegt.

Frankreich lebe, vor allem aber seit der Geburt von Marlow, fallen mir diese Vorträge, die noch im Erscheinungsjahr 2010 untrennbar mit meinem Innersten verbunden schienen, immer schwerer. Das liegt zum Teil daran, dass ich sie anfangs vorwiegend an historisch schwarzen Colleges hielt, wo die Hip-Hop-Kultur, die ich kritisiere, an der ich aber (nicht zuletzt aus Altersgründen) nicht mehr teilhabe, das Leben meiner jugendlichen Zuhörerschaft bestimmt. Aber es liegt auch daran, dass meine eigene »schwarze« Erfahrung sich immer drastischer von der ihren unterscheidet.

Bei einer solchen Veranstaltung an einer Universität in Florida traf ich mich vor dem öffentlichen Vortrag noch mit einer Gruppe Erstsemestern. In unserem Gespräch fragte mich ein dunkelhäutiger Junge mit akkurat gezwirbelten Dreadlocks und unergründlicher Miene leise, warum Weiße »uns so sehr hassen«. Außer mich schien niemanden die Frage sonderlich zu überraschen, nicht mal den weltmännischen Professor für Medienwissenschaften, der das Gespräch moderierte. Während ich mich um eine Antwort bemühte, kam mir der Gedanke, dass dieser junge Mann – wie viele seiner zustimmend nickenden Kommilitonen, wie viele amerikanische Schwarze jeden Alters und jeder Einkommens- und Bildungsschicht und wie wohl auch der texanische Zweig meiner Familie, bevor mein Vater das Drehbuch seines Lebens umschrieb – wahrscheinlich noch nie einen weißen Menschen näher kennengelernt oder geliebt hatten und ihrerseits nie von einem weißen Menschen geliebt worden waren. Mir fiel keine bessere Antwort ein als: Zweifellos gibt es Rassisten, vor denen man auf der Hut sein muss. Aber ich denke nicht, dass die meisten Weißen Schwarze *aktiv* hassen. Nach meiner Erfahrung ist es in Wirklichkeit weit weniger dramatisch. Die meisten Weißen machen sich nämlich überhaupt keine ernsthaften und differenzierten Gedanken über Schwarze. Dazu fehlt ihnen entweder der Wille oder das Vorstellungsvermögen.

So eine faktische Segregation und Entfremdung schadet uns allen, Schwarzen wie Weißen gleichermaßen. Schon James Baldwin, Martin Luther King und viele andere haben darauf wortgewaltig hingewiesen. Sie führt dazu, dass Schwarzen das Menschsein abgesprochen und Weißen unmenschliche Gleichgültigkeit unterstellt wird. Das ist für Schwarze allerdings noch schlimmer, so sehr ich wünschte, Baldwin hätte Recht mit seiner kontraintuitiven Ansicht, Rassismus entmenschliche vor allem den Rassisten. Mir ist eine Perspektive vergönnt, die den meisten Amerikanern auf beiden Seiten der Hautfarbengrenze bislang verwehrt ist, die mit zunehmender *mixedrace* Bevölkerung aber immer mehr Menschen teilen werden. Bei allen Vorteilen hat diese Perspektive auch ihren Preis. Er besteht in der bitteren Erkenntnis, dass viele Menschen unerreichbar sind oder nicht erreicht werden wollen. Das wird mir immer dann besonders klar, wenn ich beobachte, was ich in Ermangelung eines besseren Ausdrucks das Privileg des Nicht-Beachtens nennen will.

Im Sommer 2014 gewöhnten sich viele von uns an einen neuen Anblick. Auf einmal wurden unsere Smartphones und Computer überflutet mit viralen Videos von schwarzen Männern (und Kindern), die mit dem Tode rangen. Und wir konsumierten diese Bilder, in großem Zorn oder aus makabrer Neugier oder auf der Suche nach jenen Indizien in den Momenten davor oder danach, die das Geschehene vielleicht, ganz vielleicht rechtfertigten. Die verschiedenen Fälle und ihre juristischen Folgen trafen verschiedene Nerven. Mich beschäftigte vor allem der

Fall des Polizisten Daniel Pantaleo, der für die dokumentierte Tötung von Eric Garner, einem harmlosen Mann, der auf Staten Island einzelne Zigaretten verkaufte, nicht mal der fahrlässigen Tötung oder des Totschlags angeklagt wurde, sowie die ungestraft gebliebene Hinrichtung von Tamir Rice in Cleveland, eines mit einer Spielzeugpistole bewaffneten Zwölfjährigen. All die anderen entsetzlichen Todesfälle stapelten sich auf diese beiden und bereiten mir viel Kummer und Kopfzerbrechen.

Nach dem Urteil im Staten-Island-Fall beschlossen Kris – ein Fotograf, enger Freund und ebenfalls schwarz – und ich, eine Projektidee umzusetzen, die wir seit vorigem Sommer im Kopf hatten. Wir richteten einen Account bei Tumblr ein, um Geschichten und Porträts möglichst vieler verschiedener schwarzer Männer zu sammeln. Es sollte lediglich ein kleiner Beitrag zu einem komplexeren Verständnis dessen sein, was es heißt, in den USA »schwarz« und männlich zu sein. Wir riefen auf Facebook zu Einsendungen auf und erhielten, wie bei so einer Sache nicht anders zu erwarten, jede Menge positiver Rückmeldungen von Freunden aller Hautfarben. Alles schien ziemlich unverfänglich.

Bis sich irgendwann meine 20-jährige weiße Cousine Hope, mit der ich bis dahin nur Belanglosigkeiten und Höflichkeiten ausgetauscht hatte, in den Thread auf meiner Seite einklinkte und die Ehrenhaftigkeit unseres Vorhabens anzweifelte, solche Geschichten über schwarze Männer zu erzählen. »Werdet ihr so eine Seite auch über weiße Männer machen?«, fragte sie. »Gut möglich, dass ein Schwarzer vor langer Zeit ein deutlich anderes Leben hatte, ohne daran schuld zu sein … aber ich denke, wenn sich heute das Leben eines Schwarzen von dem eines anderen Menschen unterscheidet, dann infolge seiner eigenen Entscheidungen und Handlungen. Die Hautfarbe bestimmt nicht mehr, wer man ist, es sei denn, man lässt es zu.«

Meine Cousine lebt seit eh und je in der Nähe von Los Angeles, und wir haben einander nur ein paar Mal gesehen. Im Grunde ist sie eine Fremde für mich. Ich kenne ihre Gefühlswelt nicht, habe überhaupt nur wenige Informationen über sie. Aber nach allem, was ich über ihr Leben weiß, hatte sie es wohl in jeder relevanten Hinsicht viel schwerer als ich. Trotzdem kann sie, allen Berichten und auch meinen Eindrücken zufolge, eine liebenswürdige und fürsorgliche, wenn auch mutwillig ignorante, kurzsichtige und provinzlerische Frau sein. Zuletzt habe ich sie auf der herrlich chaotischen Hochzeit meines Bruders in Upstate New York gesehen. Sein Verhältnis zu ihr ist freundschaftlicher geworden, seit beide unlängst in Kalifornien gemeinsam eine Geländewagenfahrt gemacht, Poker gespielt und über die NFL gefachsimpelt haben. Ich weiß, dass meine Cousine meinen Bruder mag und sogar sagen würde, dass sie ihn sehr gernhat. Verblüffend ist nur, dass sie zu glauben scheint, durch den unbeschwerten Umgang mit ihm und verschiedenen anderen »Nicht-Weißen« irgendwie gegen Vorurteile gefeit zu sein. Sie »hasst Schwarze« nicht, da bin ich mir ziemlich sicher, doch erschreckt mich das Ausmaß, in dem ihr der geistige Horizont oder der Wille fehlt, intensiv über Erfahrungen nachzudenken, die auch nur leicht von den eigenen abweichen. So, wie ihr Leben eingerichtet ist, gibt es für sie dafür auch keine Notwendigkeit. Und das ist generell das größte Hindernis für gegenseitiges Verstehen und mitnichten nur ein Problem von Weißen.

Ich muss oft an eine Passage aus *Zwischen mir und der Welt* denken, der enorm erfolgreichen Autobiografie von Ta-Nehisi Coates, die in Form eines Briefs verfasst ist. Darin schildert er, wie eine gereizte weiße Frau beim

Verlassen eines Kinos in der Upper West Side seinen »im Bummeltempo« gehenden kleinen Sohn von hinten schubst und ungeduldig ruft: »Na, los!« Coates, ein beeindruckend stattlicher Mann, reagiert darauf wie folgt:

> »Zunächst die typische Reaktion jedes Menschen, wenn ein Fremder Hand an den Körper seines Kindes legt. Dann die Zweifel an meiner Fähigkeit, deinen schwarzen Körper zu schützen. … Mir war nur bewusst, dass sich jemand ein Recht angemaßt hatte, über den Körper meines Sohnes zu bestimmen. Ich drehte mich um und richtete *Worte* an diese Frau, *in denen der ganze Augenblick und meine gesamte Geschichte aufloderten.* Sie zuckte entsetzt zusammen. Ein Weißer, der danebenstand, verteidigte sie. Auf mich wirkte das wie der Versuch, die verfolgte Unschuld vor der Bestie zu retten. Meinem Sohn war er zuvor nicht beigesprungen. Wir wurden umringt, andere Weiße ergriffen für die Frau Partei. Der Mann kam näher. Er wurde lauter. Ich schob ihn weg. Er sagte: »Ich könnte sie verhaften lassen!« Das war mir egal, das sagte ich ihm auch, und das Verlangen, noch viel mehr zu tun, brannte in meiner Kehle.« [Hervorhebungen von mir.]

So wie Coates die Frau darstellt, ist sie kein moralisch fehlbares, autonomes Subjekt mit eigener Biografie und eigenen Neurosen, sondern eine Repräsentantin höherer, sozialer Mächte. Ich will gar nicht ausschließen, dass sie eine eingefleischte Rassistin war. Doch Coates nimmt nie zu ihren Gunsten an, dass sie vielleicht etwas anderes, kaum weniger Schmeichelhaftes war, zum Beispiel eine gemeine, engherzige Person, die bestimmt auch ein blondes oder chinesisches Kind geschubst hätte. Er begreift nicht, dass seine Reaktion – »*Worte* …, *in denen der gan-*

ze Augenblick und meine gesamte Geschichte aufloderten« – eine Überreaktion war und von Menschen, die »danebenstanden«, leicht als solche aufgefasst werden konnte, aus Gründen, die mehr mit seiner Körpergröße und Heftigkeit zu tun haben als mit irgendetwas anderem. Es scheint ihm gar nicht in den Sinn zu kommen, dass wir, so lange Schwarze sich so leicht provozieren lassen – so lange dieser Urschmerz noch so dicht unter der Oberfläche schwelt –, nie frei oder gleich sein werden.

An anderer Stelle im Buch räumt Coates ein, dass er als Kind Weiße eigentlich nur aus dem Fernsehen kannte. Das zeugt von der tief verwurzelten Segregation in unserem Land. Aber auch als Erwachsener scheint er Weiße noch immer nicht gut zu kennen. Er neigt dazu, ihnen größere Macht und Lebenszufriedenheit zuzuschreiben, als viele von ihnen haben. Er schreibt, Weiße dächten, »sie seien über die Konstruktionsfehler der Menschheit erhaben«, obwohl die guten Geschäfte der Pharma-Industrie und Lebenshilfe-Branche das Gegenteil bezeugen. Läuft er durch Paris, sieht er lauter Karikaturen: »Männer in lachsfarbenen Hosen und weißen Leinensakkos und bunten Pullovern über den Schultern […], die Männer, die in Luxus-Cabrios um die Ecke verschwinden und wieder heranrollen und ihr Leben genießen. Allesamt rauchend. Allesamt im Wissen darum, dass hinter der nächsten Ecke entweder ein grausiger Tod oder eine Orgie auf sie wartet.«

Das ist Unsinn, eine Fantasie, die mentale und materielle Unterschiede in und zwischen Gruppen planiert und einzig dazu dient, ein permanentes Gefühl der Verletzung zu nähren, das Coates' eigenen Lebensumständen nicht unbedingt entspricht. Wenn ausgerechnet der Intellektuelle, dessen Erklärungen der komplizierten Zusammenhänge von *race* und Identität in den USA die meiste Beachtung finden, die Handlungen, Erfahrungen und Motive all der verschiedenen Weißen, denen er begegnet, auf diese Weise interpretiert – zweifellos sprachgewaltiger als meine Cousine, aber mit einem verblüffend ähnlichen Starrsinn und Mangel an Großmut –, dann fürchte ich, dass wir noch viel Zeit damit vergeuden werden, aneinander vorbeizureden, statt zu einer gemeinsamen Wahrheit zu finden.

Diese tragische Sprachlosigkeit in Bezug auf *race* wurde mir erst im Frühjahr 2018 bewusst, als ich für ein journalistisches Porträt einige Zeit mit Adrian Piper verbrachte. In ihrem Essay »Passing For White, Passing For Black« (1992), der erfrischend freimütig beschreibt, wie sowohl Schwarze als auch Weiße sich und einander missverstehen und falsch darstellen, schildert Piper, wie sie in Harlem von Schwarzen aus der Arbeiterschicht für eine »Weiße« gehalten, verspottet und dann aufgefordert wurde nachzuweisen, dass sie auch ausreichend leide. Diese Dispute seien zwar demütigend, aber auch hilfreich gewesen, weil sie ihr eine »Vorstellung davon gaben, wie Weiße sich fühlen, wenn sie zufällig zum Ziel der berechtigten und tiefsitzenden Wut von Schwarzen werden. Da diese Wut berechtigt ist, fühlt man sich schuldig. Aber da man zufällig und manchmal auch willkürlich zum Ziel wird, ist das eigene Gerechtigkeitsgefühl verletzt. Einerseits fühlt man sich zu Unrecht beschuldigt oder belästigt, andererseits ist man reumütig und beschämt, die Art von Mensch zu sein, die diese Beschuldigung provoziert hat.«

Piper liefert uns damit schon vor einem Vierteljahrhundert einen Ansatz zum (teilweisen) Verständnis der psychologisch verworrenen Reaktion von Weißen, ohne dass sie Rassismus gegen Schwarze irgendwie entschuldigt. Einen Ansatz, der auf einer ungewöhnlichen Doppelperspektive beruht und mir in dieser Zeit des aufkommenden

Populismus sehr viel hilfreicher erscheint als der undifferenzierte Diskurs über unerbittliche White Supremacy, den Autoren wie Coates gegenwärtig pflegen. In einer Situation wie der oben geschilderten, so Piper weiter, »kann man mit Abwehr und Wut reagieren und aus dieser Begegnung einen Treibstoff für eigene rassistische Stereotype destillieren. Oder man kann sich von den Aggressoren emotional lösen und physisch distanzieren, was ihre persönlichen Schwächen und ihren Mangel an Weitblick hervorstechen lässt und es leichter macht, ihnen ihre menschliche Unvollkommenheit zu verzeihen, aber schwerer, sie als Seinesgleichen zu betrachten.«

Es gibt viele Rassisten, und das wissen wir. Neben diesen unverhohlen Hasserfüllten gibt es auch viele denkfaule Weiße wie meine Cousine, die vielleicht nie gründlich genug über ihre blinden Flecke nachdenken werden, um redliche Partner in irgendeinem transformativen Gedankenaustausch zu sein. Aber viele Weiße, die man erreichen *könnte*, erleben eben jene Reaktion der inneren Distanzierung, auf die Piper verweist, und die damit einhergehende, oft unbewusste Herablassung. Das ist ein Teil dessen, was ich dem Studenten, der mich fragte, warum Weiße uns hassen, mehr schlecht als recht zu sagen versuchte. Ich bemühe mich, Pipers Einsicht im Hinterkopf zu behalten, auch im Hinblick auf meine Beziehung zu einigen Angehörigen der Familie meiner Mutter, denen gegenüber ich mich tatsächlich als herablassend empfinde. Denn diese Beziehung droht endgültig kaputt zu gehen, wegen genau dieser Art von fataler Fehlkommunikation.

Ich würde diesen Teufelskreis gern durchbrechen, doch wegen der sozialen Medien wird das immer schwieriger. Es ist nun schon etliche Jahre her, dass mir Facebook die erzkonservative Einstellung jener Verwandten offenbarte.

Es sind Menschen, die ich im wirklichen Leben, wenn auch aus der Ferne, als angenehm erlebt habe – wie etwa meine Cousine Hope – und von deren politischen Ansichten ich keinen Schimmer hatte, bis wir gegen Ende der Amtszeit von George W. Bush über soziale Netzwerke in Kontakt kamen. In diesen virtuellen Begegnungen – die uns zugleich ein vollständigeres und eingeschränkteres Bild voneinander gaben als je zuvor –, lernten wir, Momente peinlichen Schweigens geschickt zu umschiffen. Doch als es um die gefilmten außergerichtlichen Tötungen von Schwarzen durch Polizisten ging, war es vorbei mit unseren guten Manieren. Der Mann meiner Tante, ein weißer Veteran aus dem ländlichen Georgia, der immer nett zu mir gewesen war, sprach davon, dass Schwarze, die angesichts solcher Vorfälle ihrem Schmerz Ausdruck verleihen, »die *race*-Karte spielen«. Das alarmierte mich. Einmal nannte er, ein Bush-Wähler, Obamas Regierung eine völlige Katastrophe und den Präsidenten den »unintelligentesten« aller Zeiten. Es war merkwürdig, meinen Onkel so zu erleben, denn obwohl auch er gewiss sagen würde, dass er seine nicht-weißen Verwandten gernhat, offenbarte er hier Ansichten, die zweifellos über die Jahre durch Gefühle verhärtet waren, die mit *race* zu tun hatten.

Die Kommentare meines Onkels und meiner Cousine riefen mir einen vielgeteilten Tweet eines Chris-Rock-Parodie-Accounts nach dem Ferguson-Urteil[27] in Erinnerung: »Habe gerade eine neue App entdeckt, die dir sagt, welche deiner Freunde Rassisten sind. Sie heißt Face-

---

27 Nachdem der 18-jährige Afroamerikaner Michael Brown am 9. August 2014 in Ferguson, Missouri, von einem Polizisten erschossen worden war, entschied eine Grand Jury am 24. November 2015, kein Verfahren gegen den Polizisten zu eröffnen. A.d.Ü.

book.« Das Ausmaß, in dem Facebook bestimmte Gesinnungen zum Vorschein brachte, wurde im Vorfeld und Nachgang der Wahlen von 2016 unerträglich. Nicht zuletzt deshalb fand der kompromisslose Pessimismus von Coates und anderen so viel Anklang, auch wenn er furchtbar kontraproduktiv ist. Schon seit dem Ende der ersten Amtszeit Obamas, als die herrliche, aber extrem kurzlebige Hoffnung auf eine *post-racial* Zukunft zu schwinden begann, beschleicht mich das Gefühl: Diese katastrophale Gegenreaktion war zum großen Teil ein kollektives Aufflackern jener Geisteshaltung, die auch aus den Äußerungen meines Onkels und meiner Cousine sprach.

Mein eigenes Leben hat mir wiederholt gezeigt, dass Rassismus weiterhin existiert, aber überwunden werden kann, vor allem auf zwischenmenschlicher Ebene. Doch wo so viele Stimmen eine über Generationen aufgestaute Wut auf Gruppen richten, die vielleicht nicht ganz schuldlos sind, diese Wut aber in dieser Pauschalität nicht verdienen, und wo andere Stimmen diese Wut wiederum für ihre eigenen Zwecke instrumentalisieren – wie können wir da die Überwindung des Rassismus angehen, ohne dass uns die Einsicht in die Beständigkeit von Vorurteilen lähmt? Während eines Aufenthalts in Berlin im Herbst 2017 begann ich, über den in der Forschung zur deutschen Geschichte gebräuchlichen Begriff des *Sonderwegs* nachzudenken. Der Ausdruck hatte in verschiedenen Epochen, und je nachdem, wer ihn gebrauchte, unterschiedliche Bedeutung. Er kam in der Kaiserzeit auf, als einige deutsche Historiker mit ihm den positiven Mythos von der besonderen Kultur und politischen Verfassung Deutschlands begründeten. Im und nach dem Zweiten Weltkrieg wurde er zu einem negativ besetzten Begriff, mit dem Außenstehende die Singularität der Verbrechen Deutschlands zu verstehen suchten. Doch ob von innen oder außen, von links oder rechts: Durch die Brille dieses Begriffs betrachtet schienen die Deutschen ein kollektives Wesen zu besitzen – etwas Eigentümliches –, das *alles* an ihnen erklären konnte. So wurde es möglich, eine direkte Linie »von Luther zu Hitler« zu ziehen und Geschichte nicht als chaotisches Durcheinander, sondern als eindeutige, lineare Entwicklung zu begreifen.

Eine solche Vorstellung hat etwas Erschreckendes und zugleich Tröstliches. In jedem Fall aber impliziert sie, dass viele wichtige Angelegenheiten nicht von den Entscheidungen und Handlungen der Menschen abhängen. Die Deutschen wären demnach nichts als glorreiche oder grausame Marionetten, mächtige Handlanger noch höherer Mächte. Und eine ähnlich vereinheitlichende Theorie macht sich gerade auch in den USA breit. Sie wurzelt in der dreifachen nationalen Sünde der Sklaverei, des Landraubs und des Völkermords. Diese wesentlichen Voraussetzungen der Staatsgründung hallen, so die Theorie, nicht nur durch alle Zeiten nach, sondern bestimmen auch die Gegenwart. Welche Hoffnungen wir auch hegen – jene Ursünde der White Supremacy erklärt alles. Das ist der uramerikanische Sonderweg.

Schockierend am heutigen Antirassismus-Diskurs ist vor allem das Ausmaß, in dem er Ansichten über *race* spiegelt, die auch von Anhängern der White Supremacy vertreten werden. In erster Linie betrifft das Ansichten über die Besonderheit des Weißseins. Der »woke« Antirassismus geht davon aus, das *race* existiert. Zwar nicht in biologischer Hinsicht, aber doch – und mindestens ebenso bedeutsam – als soziales Konstrukt. Das deckt sich mit unheilvollen Ansichten von White-Supremacy-Anhängern, die ebenfalls darauf beharren, dass es wesentliche Unterschiede zwischen *races* gibt. Auch wenn sie daraus entgegengesetzte Schlussfolgerungen ziehen, reduzieren beide – die Rassisten und jene Antirassisten – Menschen auf abstrakte Kategorien der Hautfarbe. Dabei nähren und legitimieren sie einander, während wir, die wir nach Grauzonen und einem gemeinsamen Nenner suchen, von zwei Seiten unter Beschuss geraten. Beide Seiten mystifizieren *race*-bezogene Identität und verstehen sie als etwas Unveränderliches, Determinierendes und in seiner Wirkung fast Übernatürliches. Dieses Denken in Bezug auf Unterschiede zwischen Menschen ist aus vielerlei Gründen verführerisch, aber völlig verfehlt.

Seit der US-Präsidentschaftswahl 2016 musste ich bestürzt mit ansehen, wie ein opportunistischer Demagoge im ganzen Land und sogar innerhalb von Familien *race*-bezogene Ressentiments geweckt hat. Aber besorgt beobachte ich auch, wie wohlmeinende weiße Freunde in meiner Twitter-Timeline und meinem Facebook-Newsfeed sich geißeln und aufrichtig oder ostentativ für ihr »Weißsein« um Entschuldigung bitten, als seien sie mit einer Erbsünde geboren. Der Linguist und Essayist John McWhorter (der selbst schwarz ist) nennt dieses Phänomen die »irrige neue Religion« des Antirassismus. Sie bestehe in dem Glauben, »aufgeklärte Weiße müssten regelmäßig (oder ritualisiert?) ›anerkennen‹, dass sie White Privilege besitzen«, schreibt er 2015 in seinem Artikel »Antiracism, Our Flawed New Religion«. »Kurse, Seminare und Teach-Ins sollen Weiße davon überzeugen, dass das nötig sei. Angeblich ist dieses Anerkennen von White Privilege nur ein erster Schritt zum Aktivismus, doch in der Praxis ist es das, worum es eigentlich geht … Die Aufforderung an Menschen, in einem totemistischen Akt nüchtern ihr White Privilege ›anzuerkennen‹, folgt demselben Prinzip wie die Aufforderung an Christen, ihre wesenhafte Sündigkeit anzuerkennen. Man ist mit dem Makel der Sünde geboren. Weiß zu sein heißt, mit dem Makel eines unverdienten Vorteils geboren zu sein.« Oder auch: jenen Sonderweg zu beschreiten.

Ohne damit die allem Anschein nach zahlreichen und immer selbstbewusster auftretenden Rassisten entschuldigen zu wollen, muss ich sagen: Der heute vorherrschende linksliberale Diskurs, der Weiße zu den einzig wirklich Handelnden erklärt, Schwarze und Angehörige anderer Minderheiten dagegen zu bedauernswerten Statisten, ist allzu oft kontraproduktiv. 2016 erschien im *New Yorker* ein Artikel des Journalisten George Packer, der die Welle des Populismus vorausahnt, von der die Präsidentschaftskandidatin Hillary Clinton schließlich hinweggespült wurde. Darin lässt Packer den Ökonomen Glenn Loury (der ebenfalls schwarz ist) mit der Ansicht zu Wort kommen, alle identitätspolitischen Erfolge seien Pyrrhussiege. Es lohnt sich, ihn ausführlich zu zitieren. »Seiner Meinung nach«, schreibt Packer über Loury, »ist *race*, wenn sie politisch als irreduzible Kategorie behandelt wird, statt in allgemeine Gerechtigkeitsforderungen integriert zu werden, eine Waffe, die letztlich jeder nutzen kann. ›Seien wir lieber vorsichtig‹, sagte [Loury]. ›Ich weiß nicht, wie es möglich sein sollte, zum Schwert der Identitätspolitik zu greifen, ohne durch dieses Schwert zu sterben.‹ Die Logik der Identitätspolitik teilt alle, auch die bald ebenfalls eine Minderheit darstellenden Weißen, in Interessengruppen ein. Wie in einem Nullsummenspiel stärkt der Nationalismus der einen das Stammesdenken der anderen. ›Ich weiß wirklich nicht, wie man Weiße auffordern kann, in einer neu zu erschaffenden Welt nicht weiß zu sein‹, sagte Loury. ›Wie sollte es in einer Welt, in der es all diese anderen Interessen gibt, nicht auch weiße Interessen geben?‹ Und er ergänzte: ›Ich denke vielmehr, dass wir das Ziel eines *race* transzendierenden Humanismus als Fundament der amerikanischen Gesellschaft nicht aus den Augen verlieren dürften. Wogegen ich mich wende ist, dieses Ziel aufzugeben.‹«

Natürlich können Schwarze und andere Nicht-Weiße ihre »race« nicht wirkungsvoll ablehnen, wenn nicht viele Weiße es ihnen gleichtun. Aber auch Weiße können das beim besten Willen nicht im luftleeren Raum. Wir sind ebenso sehr eine gemischte Nation wie eine Nation von Gemischen und müssen alle miteinander auskommen – woran auch rechtsextreme Fantasien von einem rein weißen Ethnostaat in Montana und dem Pazifischen Nordwesten nichts ändern[28]. Unbestritten sind die durch die Präsidentschaftswahlen 2016 geschürten race-bezogenen Ressentiments ein riesiger Schritt in die falsche Richtung. Doch wenn wir deshalb nun wieder in eng gefassten Identitäten denken – selbst wenn diese aus berechtigter Wut entstanden und uns durch die Intoleranz anderer aufgedrängt wurden –, spielen wir nur den Gegnern einer funktionierenden Gesellschaft in die Hände. Besonnene und Wohlgesinnte aller politischer Couleur müssen ein neues Vokabular finden, das die abstrakte Kategorisierung nach race und einen reflexhaften Tribalismus zu überwinden hilft. Lediglich zu behaupten, race

---

28 Der Northwest Territorial Imperative (oder Northwest Imperative) ist ein separatistischer Wunschtraum, den weiße Nationalisten und White-Supremacists-Gruppen in den USA seit den 1980er-Jahren hegen. Weiße Gesinnungsgenossen sind aufgerufen, sich in einem Gebiet im Nordwesten der USA anzusiedeln, das Washington, Oregon, Idaho, Wyoming und West-Montana umfasst. (Auch der Norden von Kalifornien, der Nordwesten von Colorado, der Norden von Utah, Alaska, British Columbia und Alberta werden manchmal dazugezählt.) Ziel ist es, dieses Gebiet letztlich zum »arischen« Heimatland zu erklären.

sei ein Konstrukt, wird nicht reichen. »*Race* als soziale Tatsache zu behandeln, heißt im Grunde anzuerkennen, dass es falsch war, sie für eine biologische Tatsache zu halten, aber dann weiterhin beharrlich den gleichen Fehler zu machen«, wie der Literaturwissenschaftler Walter Benn Michaels in seinem Buch *The Trouble with Diversity* schreibt. Um den Trumpismus und den ihn treibenden Rassismus und Ausländerhass nachhaltig einzudämmen, braucht es tiefer greifende Formen eines nicht nur toleranten, sondern integrativen Umgangs miteinander. Dazu bedarf es wiederum der überzeugenden Bekundung gemeinsamer Ideale und demokratischer Werte, denen sich Menschen jeden Hintergrunds verpflichtet fühlen können.

In seiner Erziehung war Pappy bemüht, mich auf die Herausforderungen vorzubereiten, die damit einhergehen, in den USA als schwarzer Mann zu gelten. Auf all die sichtbaren und unsichtbaren Joche, die auf – wie man heute sagt – »schwarz aussehenden Körpern« und daher auf vielen sich schwarz fühlenden Seelen lasten. Aber selbst in den schlimmsten Situationen lasteten sie höchstens indirekt auf *mir*. Mein Aussehen oder meine Herkunft hat mir als Erwachsener, soweit ich weiß, nie wirklich geschadet. Die Leute wechseln nicht die Straßenseite, wenn ich ihnen entgegenkomme, und das einzige Mal, dass ich im Auto von der Polizei angehalten wurde, war ich tatsächlich zu schnell unterwegs; mehr will ich dazu nicht sagen. Was nicht heißt, dass ich noch nie Diskriminierung erlebt oder geglaubt hätte, sie zu erleben. Situationen müssen ja nicht gewalttätig oder gar lebensbedrohlich sein, um als unangenehm empfunden zu werden. Vor Jahren hat man mir in München mal gezielt den Zutritt zu einem Tanzschuppen verweigert, in den mein blonder Freund Kevin problemlos hineinkam. Und Josh und ich hatten in Manhattan mal eine geschäftliche Besprechung, in der sich unser Gegenüber, ein weißer Mann, immer nur meinem jüdischen Geschäftspartner zuwandte, sogar wenn er *mir* antwortete. So was ist mir nicht oft, aber immer wieder mal passiert, in den USA wie auch im Ausland. Ich kann zumindest erahnen, was es heißt, solche Kränkungen täglich erleben zu müssen, und welche Zweifel und Empfindlichkeiten daraus erwachsen. Während meinem eigenen, nicht-weißen Körper eine gewisse Uneindeutigkeit anhaftet, kann ich mir sicher sein, dass das für den Körper meiner Tochter nicht gelten wird, was mir paradoxerweise anfangs Unbehagen verursachte. Ihr wird man den Zutritt an jener Eingangstür und anderswo nicht verweigern. Und so stellt sich mir, wenn sie – nun schon älter, aber in dieser Hinsicht noch immer unschuldig unwissend – mich anlächelt, die Frage: Was wird von meinem Volk, was immer das auch ist, und von mir, wer immer ich auch bin, in Marlow fortleben? Und könnten nicht die eher oberflächlichen Veränderungen das Wichtigste sein?

Auf diese Frage liefern mir die meisten Beiträge zum Thema *race* keine Antwort, da sie die Unordnung und Widersprüchlichkeit von Lebenserfahrungen größtenteils durch die falsche Klarheit schablonenartiger Rhetorik und die Ethik des Ressentiments kaschieren. Fast alle prominenten Stimmen, die sich derzeit zu *race* äußern, stärken jene rassistischen Denkweisen, die sie angeblich bekämpfen, indem sie Identität allein über »den Körper« definieren – auch wenn das in positiver Absicht oder aus nachvollziehbarer Empörung geschieht. Und das meine ich genauso, wie ich es sage. *Black Lives Matter* zum Beispiel ist eine Initiative, deren Ziele ich uneingeschränkt teile (besonders ihr Anliegen, auf die gravierenden Mängel unseres Strafjustizsystems aufmerksam zu machen). Doch das Framing dieser Ziele, ihre Einbettung in die Vorstellung, einige »Lives« seien *wesentlich* schwarz und andere *wesentlich* weiß, ist in einem engen politischen Sinn zwar richtig, in philosophischer Hinsicht aber völlig verfehlt.

Meine Cousine aus Kalifornien übersieht etwas Entscheidendes, wenn sie sich auf eine kindische Farbenblindheit beruft und so davor drückt, über tatsächlich bestehende Ungerechtigkeiten nachzudenken. Aber solchen komplizierten und hartnäckigen Pathologien ist nicht mit dem verstaubten und falschen Denken beizukommen, das diese Pathologien überhaupt erst hat entstehen lassen. Wie sollte es auch anders sein, wo doch Wahnsinn einer – wenn auch floskelhaften – Definition zufolge darin besteht, immer wieder dasselbe zu tun, aber unterschiedliche Ergebnisse zu erwarten?

Wir müssen dringend neu darüber nachdenken, »wie wir *race*-bezogene Unterschiede betrachten, wie sie uns erscheinen und welche Art von Identitäten sie uns nahelegen«, um noch einmal Paul Gilroy zu zitieren. Das heißt, Frantz Fanons Forderung nach einem »neuen Menschen« ernst zu nehmen und diesem Leben einzuhauchen, im Sinne einer bewussten Aneignung der Welt. Das auch nur zu denken, ist zweifellos beängstigend. Ich jedenfalls werde das Gefühl nicht los, in eine existenzielle Zwickmühle geraten zu sein, die in vieler Hinsicht jener ähnelt, in der auch säkulare Juden stecken. Das Ziel generationenlanger Bemühungen war seit jeher die Freiheit, sich in Würde ein eigenes Selbst zu erschaffen. Und genau diese individuelle Selbstachtung und Autonomie droht heute die »*race*-bezogene« Identität auszulöschen, der jene Errungenschaften überhaupt zu verdanken sind. Trotzdem muss genau das geschehen, und zwar im ganzen Land.

Fortschritte werden wir nur erzielen, wenn wir die alten Häute abstreifen, in die man uns gezwungen hat.

* * *

Mir ist klar, dass jemand mein Argument umso leichter nachvollziehen kann, je uneindeutiger seine oder ihre eigene *race*-bezogene Identität ist. Der anhaltende, in jahrhundertealten Vorurteilen über Hautfarbe wurzelnde Rassismus ist für die Hauptleidtragenden ein so beherrschendes Thema, dass ihnen andere Diskussionen wie irrelevanter Luxus vorkommen können. Doch das Ganze ist keine Nullsummensituation: Wir können Rassismus bekämpfen *und* eine Gesellschaft anstreben, die ohne jene Identitäten auskommt, von denen Rassismus lebt. Wir müssen es sogar. Als ich im Herbst 2017 an der American Academy in Berlin einen ersten (mit Fotos meiner vielfarbigen Familie bebilderten) Vortrag über das Thema dieses Buches hielt, reichten die Reaktionen weißer Amerikaner und Deutscher von Verständnislosigkeit über zwar höfliche, aber eher oberflächliche Zustimmung bis hin zu Begeisterung für die Idee einer *post-racial* Zukunft. (Vielleicht gab es auch Spott und unverhohlene Ablehnung, aber das habe ich dann nicht mitbekommen.) Mehrere schwarze Zuhörer unterstützten meine Position offenbar von Herzen. Andere nicht. B., eine junge amerikanische Kollegin, widersprach mir. Sie ist eine freundliche und kluge Akademikerin, als Schwarze mit einem Weißen verheiratet und in Zürich aufgewachsen. Ich wusste nicht genau, wie ich reagieren sollte: Inhaltlich fand ich ihre Kritik an meinem Argument unzutreffend, doch mich beschlich auch ein Gefühl von Reue, ihr gegenüber den Status Quo in Sachen *race* infrage gestellt zu haben – einen Status Quo, den sie weder zu verantworten noch sich ausgesucht hat. Einige Tage später erläuterte sie in einer E-Mail an mich, was genau sie an meinem Vortrag gestört hatte. Ihre Einwände sind mir im Kopf geblieben, weil sie auf überzeugende Weise viele jener Widerstände formulierte, die mir entgegenschlagen, seit ich den Hautfarbe-Kategorien, auf denen das amerikanische Kastensystem basiert, erstmals öffentlich meine Gefolgschaft verweigert habe. Beruflich forscht B. zur langen und faszinierenden Geschichte schwarzer Amerikaner in der klassischen europäischen Musik, entzaubert den Mythos *race*-bezogener Kategorisierung also aus musikwissenschaftlicher Perspektive. Für meine Begriffe entlarven ihre Studien eindrucksvoll, wie essentialistisch Menschen über Verhaltensweisen denken. Ich würde nur ergänzen, dass es damit nicht getan ist: Wenn unsere Verhaltensweisen erwiesenermaßen so veränderlich sind, bleibt kaum noch Essentielles übrig.

Ein Problem, dem sich jedes Argument gegen *race* früher oder später stellen muss, betrifft das Spannungsverhältnis von Universalismus und Partikularismus. B. äußerte den Verdacht, der Verweis auf universelle Werte sei in Wirklichkeit schon immer nur eine Rechtfertigung von White Supremacy gewesen und damit nur eine weitere Waffe gegen die Unterdrückten. Deren Partikularität (ihr Schwarzsein, ihr Hindu-Sein) diene seit jeher als Vorwand dafür, ihnen ein gutes Leben zu verweigern. Insofern seien das Universelle und das Partikulare nur zwei Seiten von Herrschaft. Sich auf Ersteres zu berufen diene nicht der Suche nach objektiver Wahrheit – nach jenem »gemeinsamen, *race* transzendierenden Humanismus«, den Loury als Amerikas Fundament bezeichnet –, sondern nur dazu, auf unvermeidliche Unterschiede zu verweisen und diese zu instrumentalisieren. So hätten Weiße im Namen von Freiheit und Gleichheit Schwarze versklavt. Und erwiesenermaßen habe der Rationalismus der Aufklärung den Europäern die geistigen, kulturellen, technologischen und sogar moralischen Voraussetzungen für ihren Kolonialismus geliefert.

Doch diese universellen Werte – und hier meine ich speziell: allgemeingültige Wahrheit und Gleichwertigkeit – sind wie das Kilogramm oder die Greenwich Mean Time: Sie existieren nicht als solche, sondern hängen immer davon ab, dass Menschen sie verwirklichen. Es stimmt, dass weiße Freiheit historisch gesehen oft auf schwarzer Unfreiheit beruhte. Aber das heißt nicht, dass es auch in Zukunft so sein muss. Die Institution der Ehe zum Beispiel war noch bis vor Kurzem ausschließlich heterosexuellen Paaren vorbehalten. Kulturen und Gesellschaften, Sicht- und auch Lebensweisen können sich ändern und tun es, wenn genug Menschen dazu bereit sind. Wir seien in eine »Welt [geworfen], die von Nationalität, Ethnizität, *race*, Schicht und sozialem Geschlecht stark zerklüftet ist«, schreibt der schwarze Kulturwissenschaftler Henry Louis Gates Jr. »Und die einzige Möglichkeit, diese Spaltungen zu überwinden – endlich eine Zivilkultur zu entwickeln, die Unterschiede wie auch Gemeinsamkeiten respektiert –, liegt in einer Bildung, die die Vielfalt menschlicher Kulturen verstehen will.«

Es ist, mit anderen Worten, nicht nötig, das Partikulare auszulöschen oder Unterschiede zu übertünchen, um das Universelle für möglich zu halten und zu erstreben. »Jeder hinreichend neugierige und motivierte Mensch kann sich jede andere Kultur gänzlich aneignen, ganz gleich wie ›fremd‹ sie ihm erscheinen mag«, so Gates. Was nichts anderes heißt, als dass sich jeder hinreichend motivierte und gebildete Mensch von den Fesseln der Kategorisierung nach Identität freimachen und dem Universellen zuwenden kann. Wenn dem so ist, können die Vorzüge eines aufgeklärten Universalismus – der Glaube an eine verbindende Wahrheit und an die Kraft der Vernunft, sie zu erkennen, ohne abweichenden Ansichten mit Intoleranz zu begegnen – bewahrt und frühere Fehler und Einseitigkeiten vermieden werden.

Ich glaube, dass alle Menschen zu einer solchen Transzendenz fähig sind. Ich sage ganz bewusst: *glaube*, denn hier braucht es tatsächlich eine Art Glaubenssprung. Ich kann es nicht mathematisch beweisen. Und tatsächlich bezweifelte B., dass der einzelne Mensch in seinem Handeln wirklich frei ist. Wie können Menschen ihre Identität und Persönlichkeit anerkennen oder ablehnen, so ihr Gedanke, wenn doch alles durch soziale Strukturen determiniert ist? Können Schwarze sich ihrem Schwarzsein überhaupt entziehen, wenn sie in einer durch *race* geprägten Gesellschaft leben? B. erwähnte die Literaturwissenschaftlerin Gayatri Spivak, die kurz zuvor an der American Academy gewesen war. Aus Spivaks Sicht sei es für wirklich marginalisierte oder »subalterne« Menschen schon schwierig, gegen die Gesellschaften, in denen sie leben, auch nur die Stimme zu erheben.

Das Thema Determinismus ist heikel.[29] Ich bestreite nicht, dass »Subalternen« in Spivaks Sinne und auch meinen versklavten Vorfahren diese Transzendenz un-

---

29 In eine ganz andere Richtung denkt der in Oxford lehrende Philosoph Nick Bostrom in seinem Artikel »Are You Living in a Simulation?« Seiner Simulationshypothese zufolge könnte eine höher entwickelte, »posthumane« Zivilisation mit enorm leistungsfähigen Computern beschließen, die Realität ihrer Vorfahren im Universum zu simulieren. Wenn das möglich ist, so Bostrom, ist es nahezu unvermeidlich. Dann aber müsste die Zahl der simulierten Universen exponentiell ansteigen, so dass unser Universum mit hoher Wahrscheinlichkeit nicht die eine echte »Basisrealität« ist. So viel dazu.

möglich ist oder war.[30] Aber ich spreche von Männern und Frauen, die im 21. Jahrhundert in westlichen Demokratien leben und frei entscheiden können, Zuschreibungen von *race* nicht unkritisch zu reproduzieren. Es ist heutzutage nicht in Mode, sich als Existenzialist zu bezeichnen, aber das bin ich nun mal. Und als solcher gehe ich davon aus, dass ich – auch wenn mich Kräfte außerhalb meiner Macht beeinflussen und einschränken – letztlich für mein Denken und Handeln selbst verantwortlich bin. Sogar als Angehöriger einer historisch unterdrückten Minderheit kann ich mich selbst definieren und dadurch von meiner Handlungsfreiheit Gebrauch machen. Egal wie meine Gesellschaft damit umgeht.[31] Heidegger spricht von der *Geworfenheit*, der Willkürlichkeit, die unser Leben kennzeichnet, ungeachtet der Hautfarbe oder Kultur. Wir alle sind Teil eines Geflechts aus vergange-

30 Obwohl sich in der Geschichte durchaus Beispiele von Sklaven finden, die zu einem alles transzendierenden Humanismus fähig waren – von Epiktet bis Frederick Douglass. Und Spivak selbst ist bei ihrer Definition der »Subalternen« penibel restriktiv: »Subaltern ist nicht nur ein schickes Wort für ›unterdrückt‹, für den Anderen, für jemanden, der kein Stück vom Kuchen abbekommt … Im postkolonialen Verständnis ist alles, was begrenzten oder keinen Zugang zum kulturellen Imperialismus hat, subaltern – ein Raum der Differenz. Wer wollte behaupten, das seien nur die Unterdrückten? Die Arbeiterklasse ist unterdrückt. Sie ist nicht subaltern … Viele Menschen wollen Subalternität für sich beanspruchen. Sie sind am uninteressantesten und gefährlichsten. Ich meine, nur weil sie eine Minderheit sind, die auf dem Hochschul-Campus diskriminiert wird, brauchen sie das Wort ›subaltern‹ nicht … Sie sollten erkennen, worin die Mechanismen der Diskriminierung bestehen. Sie bleiben innerhalb des hegemonialen Diskurses, wollen ein Stück vom Kuchen und nutzen … den hegemonialen Diskurs. Sie sollten sich nicht subaltern nennen.« Aus: Leon de Kock, »Interview with Gayatri Chakravorty Spivak: New Nation Writers Conference in South Africa«.
31 Zumindest in gewissen Grenzen. Ich behaupte nicht, dass ich mich morgen einfach zu einem Eichhörnchen erklären kann.

nen Handlungen und sozialen Beziehungen, das wir uns nicht ausgesucht haben, das laut Heidegger aber unsere Zukunft auch nicht völlig determiniert. Das scheint mir eine überzeugende Beschreibung, auch wenn es natürlich spekulativ ist. Entweder hält man Menschen für Subjekte – für mehr als Reproduktionen vorhandener sozialer Strukturen – oder nicht. Tatsache ist jedenfalls, dass wir uns alle so verhalten, als handelten wir frei.

»Ich möchte die These aufstellen, dass jeder, der eine Handlung erwägt, an einen freien Willen glaubt, auch wenn er denkt, er tue es nicht«, so der Philosoph und Theologe Greg Boyd. »Denn es ist unmöglich, eine Handlung zu erwägen, ohne es im Glauben zu tun, *man selbst* treffe die Entscheidung.« Allein dadurch also, dass B. ein Argument für die Zweifelhaftigkeit menschlicher Handlungsfreiheit entwickelt hat – dass sie Stärken und Schwächen meines Vortrags gewogen und dann entschieden hat, auf welche Punkte sie eingehen will –, hat sie von ihrer Handlungsfreiheit Gebrauch gemacht. »Menschen mögen ernsthaft *denken*, sie glaubten an Determinismus, doch sie handeln anders und müssen es auch, wann immer sie Handlungen erwägen«, so Boyd. »Nach Ansicht des großen amerikanischen Philosophen Charles Peirce kann eine Überzeugung, auf deren Basis kein konsistentes Handeln möglich sei, nicht wahr sein.« Ich muss ein gewisses Maß an Handlungsfreiheit im Leben annehmen, weil ich weiß, dass sich die Überzeugung, ich würde keine eigenen Entscheidungen treffen, nicht konsistent in die Tat umsetzen lässt.

B. wollte auch wissen, ob ich mich hinreichend auf dem Gebiet der Critical Mixed Race Studies (CMRS) auskenne. Das ist keine abwegige Nachfrage. Im akademischen Betrieb gibt es die – auf eine Art Territorialismus hinauslaufende – Vorstellung, man könne sich mit einem bestimmten Thema nicht beschäftigen, ohne sich den Konventionen und Diktaten des jeweiligen hyperspezialisierten Fachgebiets zu unterwerfen. Ich bin kein Akademiker und teile diese Ansicht nicht. Aber B. hat Recht: Schon vor mir haben Menschen über diese Fragen nachgedacht. Und vieles davon habe ich gelesen. (Obendrein habe ich ihre Ansichten mit meinen eigenen Erfahrungen und Beobachtungen abgeglichen.)

Die Forschung über »*mixed*« und »*multiracial*« Identitäten reicht über ein Jahrhundert zurück, das Fachgebiet der CMRS aber gibt es laut dem *Journal of Critical Mixed Race Studies* erst seit etwa 2004. In einem Artikel dieser Zeitschrift mit dem Titel »Emerging Paradigms in Critical Mixed Race Studies« schreiben die Autoren G. Reginald Daniel, Laura Kina, Wei Ming Dariotis und Camilla Fojas, dieses Fachgebiet beleuchte »die umfassende *race*-bezogene Vermischung, die die Menschheitsgeschichte seit Urzeiten kennzeichnet, aber jahrhundertelang durch ein eurozentrisches Denken ignoriert, verschleiert und ausradiert wurde, das um Vorstellungen von *race*-bezogener (und kultureller) Reinheit kreiste.« Dass das Thema der *multiracial* Identität in der Vergangenheit nicht genug Beachtung gefunden habe, so die Autoren weiter, »liegt auch daran, dass US-amerikanische Sozialwissenschaftler ebenso wie die Menschen und Gruppen, die im Zentrum ihrer Forschungen standen, nicht nur hypodeszente [also der Ein-Tropfen-Regel entsprechende], sondern auch *monoracial* Normen verinnerlicht haben.« Die CMRS dagegen würden die »Veränderlichkeit von *race* und die Durchlässigkeit *race*-bezogener Grenzen und Kategorien« offenlegen und »einen *race*-bezogenen Essentialismus und *race*-bezogene Hierarchien infrage stellen«.

Diese Forschung ist dringend notwendig. Vehement

widersprechen würde ich der CMRS-Bewegung und ihrem Autoritätsanspruch aber, was die folgende Aussage in derselben Zeitschrift angeht:

»Eine Infragestellung von *monoracial* Normen ... bedeutet nicht, dass *monoracial* Formen der Identifikation als unzulässig abgelehnt werden.« Obwohl ich viele Grundannahmen und Beobachtungen der CMRS teile, möchte ich eine viel einfachere und eindeutigere Schlussfolgerung ziehen: Wenn schon die Vorstellung von unterschiedlichen menschlichen *races* falsch ist, dann sind *monoracial* Formen der Identifikation fiktiv und kontraproduktiv. Und das gilt dann auch für eigenständige »*mixed-race*« Identitäten, da wir ja alle irgendwie schon immer gemischt sind.

In der Praxis werde man *monoracial* Formen der Identifikation kaum so einfach übersehen können, warnte B., denn die äußerliche Verschiedenheit von Menschen – die Linné überhaupt erst dazu brachte, uns zu klassifizieren – sei ja unverkennbar. Sie erwähnte, dass ihr Bruder, anders als ich und auch sie, sehr dunkelhäutig sei. Was hieße es für ihn, von seiner Handlungsfreiheit Gebrauch zu machen? Anders gesagt: Wie lässt sich vermeiden, mit der Ablehnung von *race* in die Falle des *colorism* zu tappen? Als Beispiel für jemanden, der dem umfassenden Konformitätsdrucks mutig standhält, hatte ich Kmele Foster erwähnt, jenen dunkelhäutigen Mann, der sich nicht mehr als »schwarz« bezeichnet. Ich sehe ein, dass die meisten Menschen seine Form der Entsagung wohl als zu abrupt empfinden, um es ihm gleichzutun.

Aber es gibt ja auch die schrittweise Annäherung, die Adrian Piper empfiehlt. Wenn man nur wolle, so sagte mir Piper, könne man seine »*race*« ablehnen, indem man zunächst die eigene genetische und genealogische Herkunft erforscht. Dabei werde man mit großer Sicherheit auf vielfältige Ursprünge stoßen.[32] Dann könne man den zweiten Schritt wagen und sich auf Nachfrage als »*mixed*« statt »schwarz« (oder »weiß«) bezeichnen. Aber auch das ist nur eine Zwischenstation auf dem Weg zur völligen Ablehnung – und das zu bestreiten, halte ich für den großen Fehler der Critical Mixed Race Studies.

Nähme sich jemand wie B.'s Bruder jene Freiheit heraus, von der ich rede, dürfte das wegen seiner äußeren Erscheinung genau wie bei Kmele, und anders als bei Piper, bei schwarzen wie weißen Menschen Widerspruch hervorrufen und nach einem intellektuellen oder politischen Projekt aussehen. Es würde ihn Zeit und Mühe kosten, zu recherchieren und sich bestimmte Formulierungen anzugewöhnen (was genauso für jemanden gälte, dessen Hautfarbe ein Merkmal seines »Weißseins« ist). Ich kann mir gut vorstellen, dass er dafür, sich diese Freiheit herauszunehmen, ausgelacht wird. Und nicht jeder erträgt solchen Spott. Aber bestimmt könnten zahlreiche weitere Menschen, die den aktuellen Diskurs über *race* für verfehlt halten, sich dessen Implikationen ebenfalls verweigern und dadurch den Spöttern Wind aus den Segeln nehmen. Ich selbst bin mehrfach in meinem Leben dafür ausgelacht worden, mich als »schwarz« zu bezeichnen.[33] In jüngerer Zeit bin ich hingegen dafür beschimpft worden, dieses Etikett abzulehnen. Beide Reaktionen sind nicht angenehm, aber bis auf Weiteres sind solche Unannehmlichkeiten vielleicht der Tribut, den

---

32 So hat Kmele Foster, entgegen allem äußeren Anschein, auch schottische Vorfahren.

33 Vor allem in der Highschool. Da haben es bestimmte schwarze Jugendliche in Konfliktsituationen gezielt eingesetzt, um einem den Status des »Schwarzseins« abzusprechen, der sich für alle mit Männlichkeit verband, während »Weißsein« für etwas Verweichlichtes stand.

dieser Akt der Selbstbestimmung fordert. Ich finde, das ist es allemal wert.

Wie dem auch sei: Bei *colorism* gehe es im Grunde nur um ungleiche Machtverhältnisse, führte B. aus und klang dabei sehr nach meinem Vater.[34] Und ob es *race* nun gebe oder nicht: Rassismus gebe es zweifellos, genau wie *race*-bezogene Ungleichheit. Aber was heißt das nun? Das Werk, das mich in dieser Hinsicht am stärksten geprägt hat, ist das großartige Buch *Racecraft: The Soul of Inequality in American Life* (2012) von Barbara und Karen Fields. Darin vertreten die zwei Schwestern (eine Historikerin und eine Soziologin, die sich beide als »afroamerikanisch« bezeichnen) die Auffassung, Rassismus erzeuge *race*[35], und nicht umgekehrt. Zwar ächteten wir als Gesellschaft Rassismus, nähmen den Begriff der *race* aber als unumstößlich hin und sorgten so dafür, dass das Problem bestehen bleibe. Mit ihrem analog zu *witchcraft* – also »Hexerei« – gebildeten Begriff der *racecraft* vergleichen sie die Existenz von *races* mit der Existenz von bösen Geistern und Hexen. Obwohl es keine Hexen gebe,

34 Tatsächlich war das seine einzige Begründung dafür, der Logik der Ein-Tropfen-Regel treu zu bleiben und meinen Bruder und mich im Glauben an unser »Schwarzsein« zu erziehen, auch wenn er die Existenz von *race* bestritt. Mein Vater hält die Redewendung »Macht schafft Recht« für weitgehend zutreffend. In seinen Augen ist es traurige Wirklichkeit, dass jeder, der in der amerikanischen Gesellschaft nicht als »weiß« gilt, grundsätzlich benachteiligt ist, wobei das Ausmaß von vielen Faktoren abhängt, darunter Hautfarbe und pures Glück.

35 So gibt es mit den Iren und den Juden – um ein Beispiel zu nehmen, das mit Schwarzsein nichts zu tun hat – zwei Volksgruppen in der amerikanischen und europäischen Geschichte, die lange nicht als »Weiße« gegolten haben, obwohl sie phänotypisch von diesen oft nicht zu unterscheiden sind. Und das, wo doch der Glaube an die Existenz verschiedener Rassen mit äußerlichen Unterschieden begründet wird.

so ihr Argument, seien in vielen Gesellschaften, vom kolonialen Amerika über das mittelalterliche Europa bis zu Teilen des heutigen Afrikas Menschen aus Fleisch und Blut als Hexen angeklagt und umgebracht worden. »In Amerika bleibt der Hinweis darauf, dass es keine *races* gibt, folgenlos«, schreiben die Schwestern.

Eine noch einfachere Analogie zu *race* sind vielleicht Währungen: Seit wir den Goldstandard aufgegeben haben, ist uns allen klar, dass Geld nur eine Abstraktion ist. Aber wer wollte bestreiten, dass die Folgen unseres kollektiven Glaubens an Geld so wirklich sind wie Schwerkraft oder Krebs? Wäre *race* eine Währung, »Weißsein« wäre der Hundert-Dollar-Schein. Amerikaner, die sich als »weiß« bezeichnen und als solche gelten – eine große und heterogene Gruppe, die sich über Generationen durch Einwanderung und Mischehen verändert und erweitert hat –, besitzen tendenziell die wertvollste aller sozialen Währungen und profitieren ganz real davon, dass wir an der Idee von race festhalten. Wir können dieses Machtverhältnis White Supremacy oder White Privilege oder was auch immer nennen. Und womöglich profitieren Schwarze mit hellerer Haut sowie andere nicht-schwarze Minderheiten davon ebenfalls, weil das Leben so komplex wie widersprüchlich ist. All das ist offenkundig. Wie kann es da weniger einleuchtend sein, dass möglichst viele Schwarze, *Asians*, *Latinos* und Weiße deshalb aus diesem falschen Spiel aussteigen sollten? Zumindest die als »nicht-weiß« Geltenden haben kaum einen Grund, diesen Schwindel weiter mitzumachen.

In der Praxis dürfte jede umfassende Abkehr von der Politik der *race*-bezogene Identität fast zwangsläufig mit dem Wiedererwachen eines Schichtbewusstseins einhergehen. Angesichts der enormen, die Grenzen von *race* überschreitenden gesellschaftlichen Herausforderungen wäre diese Entwicklung nur zu begrüßen. Ganze Schichten von Amerikanern, die alle mehr oder weniger von Problemen wie einer militarisierten Polizei[36], dem fehlenden Zugang zu bezahlbaren Medikamenten oder steigenden Meeresspiegeln an den Küsten betroffen sind, würden die Sprache und Vorstellungskraft für ein gemeinsames Ziel entwickeln müssen. (Die Mobilisierung im Präsidentschaftswahlkampf von Bernie Sanders 2016 gab einen Vorgeschmack darauf, wie so etwas aussehen könnte.)

Aber mir ist auch klar, dass die Wirklichkeit komplizierter ist. Nehmen wir allein die Vielfalt an Erfahrungen von Schwarzen. Auch wenn es gut gemeint sei, warnte B., könne das Auslöschen von *race* zu einer umfassenderen Auslöschung führen. Niemand bestreite doch, dass *race* keine biologische Grundlage habe, sagte sie, aber wie könnten wir ohne *race* denn Bewunderung empfinden, Kunst schaffen oder unsere Leben erzählen? Schließlich verdankten wir dem Schwarzsein außergewöhnliche Werke der Kultur, von den Gedichten eines Langston Hughes über die Gemälde eines Romare Bearden bis zu Michael Jacksons Moonwalk. All das würden Menschen zu Recht wertschätzen. Wie sonst sollten

---

36 Entgegen dem in den Medien vorherrschenden Narrativ ist eine militarisierte Polizei eine Gefahr für alle Amerikaner, nicht nur für Schwarze. Laut der vom *Guardian* geführten Liste »The Counted: People Killed by Police in the U.S.« wurden 2016 genau 1093 Amerikaner von der Polizei getötet. Davon waren 574 weiß, 266 schwarz, 183 Latino, 24 Native American, 21 Asian/Pacific Islander und 24 sonstige/unbekannt. Setzt man das in Beziehung zur Größe der Bevölkerungsgruppe, war die mit Abstand am stärksten betroffene Gruppe die der Native Americans mit 10,13 Toten pro einer Mio. Menschen. Für Schwarze betrug diese Zahl 6,66, für Latinos 3,23, für Weiße – noch immer die größte Bevölkerungsgruppe der USA – 2,9 und für Asians lediglich bei 1,17.

wir uns kulturell verorten, wenn nicht anhand der Umrisslinien von *race*?

Es zählt zu den bittersten Erkenntnissen, die ich in den vergangenen Jahren durch meine Beschäftigung mit diesem Thema gewonnen habe, dass beileibe nicht alle *race* für ein soziales Konstrukt halten. Im Sommer 2017 beschäftigte ich mich journalistisch mit dem Einfluss französischer und deutscher Denker auf die rechtsextreme Szene in den USA. In diesem Zusammenhang führte ich auch ein Interview mit dem virulent rassistischen weißen Nationalisten Richard Spencer. Er machte keinen Hehl daraus, dass er und ähnlich gesinnte White Supremacists nichts weniger planen, als die Idee biologischer Rassen in den Köpfen und Herzen normaler weißer Amerikaner wiederzubeleben. »Ich bin hundertprozentig davon überzeugt, dass *race* eine wesentlich biologisch-physische Komponente hat«, sagte er mir. Wie ich schon schrieb, war ein derartiges Denken durch den liberalen Konsens nach dem Zweiten Weltkrieg diskreditiert. In den Mainstreammedien und der akademischen Welt sind wir uns zumindest oberflächlich einig, dass *race* ein soziales Konstrukt und keine naturwissenschaftliche Kategorie ist. Doch frei von allen Konventionen eines universitären Hauptseminars bestätigte Spencer etwas, das ich längst vermutet hatte. Dass nämlich viele Weiße insgeheim annehmen, mit *race* habe es etwas Genetisches auf sich. Sie haben nur gelernt, das nicht öffentlich zu äußern, um nicht als Rassisten bezeichnet zu werden.

Von Bedeutung dürfte in diesem Zusammenhang auch sein, dass »es im Bereich der DNA-Sequenzierung in den vergangenen zwei Jahrzehnten bahnbrechende Fortschritte gab«, wie der Harvard-Genetiker David Reich 2018 in einem vielbeachteten Beitrag für die *New York Times* feststellte. »Dank dieser Fortschritte können wir mit größter Genauigkeit feststellen, welcher Anteil der genetischen Herkunft eines Menschen auf – sagen wir – Westafrika vor 500 Jahren zurückgeht, bevor es auf dem amerikanischen Kontinent zur Vermischung von westafrikanischem und europäischem Genpool kam, die bis dahin rund 70.000 Jahre lang fast völlig isoliert gewesen waren. Mithilfe dieser Werkzeuge beginnen wir zu verstehen, dass es – auch wenn *race* ein soziales Konstrukt sein mag – gleichwohl Unterschiede in der genetischen Herkunft gibt, die mit vielen der heutigen Konstrukte von *race* korrelieren.«

Reichs Argument unterscheidet sich grundlegend von dem Spencers. Es dient nämlich als Warnung. »Wenn Wissenschaftler etwas mit Gewissheit sagen können, dann, dass unsere heutigen Annahmen über die genetische Natur von Unterschieden zwischen Populationen wahrscheinlich falsch sind«, so Reich. Ich nehme diese Warnung ernst und bin bereit zu akzeptieren, dass es zwischen großen und isolierten Genpools Unterschiede geben kann, ohne dass ich aus diesen potentiellen Unterschieden zwielichtige und nebulöse Behauptungen über *race*-bedingte Wesenszüge ableite.

»Verglichen mit den riesigen Unterschieden zwischen Individuen sind Unterschiede zwischen Populationen im Durchschnitt um ein Vielfaches geringer. Insofern sollte es recht leichtfallen, eine Wirklichkeit zu akzeptieren, in der sich die durchschnittlichen genetischen Beiträge zu menschlichen Eigenschaften unterscheiden«, so Reich weiter. Dennoch sei es entscheidend, »sich allem zu stellen, was die Forschung herausfinden wird, ohne über das Ergebnis im Vorhinein zu urteilen, und zwar mit der Zuversicht, dass wir reif genug sind, mit jedem Ergebnis umgehen zu können. Zu behaupten, es könne keine erheblichen Unterschiede zwischen menschlichen Populationen geben, begünstigt nur den rassistischen Missbrauch der Genetik, den wir verhindern wollen.«

Was aber, wenn ich diesen Argumenten zu viel Gewicht beimesse und tatsächlich alle davon ausgehen, das *race* etwas Kulturelles und nichts Biologisches ist? Wäre das wirklich ein Grund zur Freude? Wenn Menschen nicht Angehörige wissenschaftlich nachweisbarer »Biorassen« sind, warum dann so tun als ob? Warum *race* dann auf nichtwissenschaftliche Weise erschaffen? Wenn es keine Hexerei gibt, warum dann so tun, als gäbe es Hexen unter uns? Als ich Adrian Piper fragte, ob sie glaube, dass es zumindest so etwas wie ein »schwarzes« Empfinden gebe, verneinte sie. Ihr Argument ähnelt dem von Henry Louis Gates Jr.: Jede menschliche Kultur ist allen Menschen zugänglich. (Was nicht dasselbe ist wie zu sagen, jede menschliche Kultur sei allen Menschen gleich wichtig.)

Was also ist schwarzes Empfinden? Was schwarze Kultur? Was es gibt, sind die Vorlieben, Abneigungen, Traditionen, Werte, Errungenschaften, Überzeugungen, der Aberglaube und, ja, auch die *Gene* bestimmter Gruppen von Menschen zu bestimmten Zeiten. All diesen Dingen können wir uns verbunden fühlen, können sie wertschätzen und bewahren und sogar meinen, sie definierten uns als Person. Doch selbst innerhalb dieser abgegrenzten Sphären bleibt das menschliche Leben viel zu überraschend, als dass irgendwelche Pauschalurteile genauerer Prüfung standhielten.

Viele so genannte »schwarze« Amerikaner haben zweifellos enorme Beiträge zu Musik und Tanz geleistet. Heißt das, dass es wesentlich zur »schwarzen« Kultur gehört, gut tanzen zu können, wie zum Beispiel Adrian Piper, die das mehrmals in hypnotisierenden Performances unter Beweis gestellt hat? Nicht so schnell, würde sie sagen: Es gibt »Schwarze«, die erbärmliche Tänzer sind (so wie ich), und es gibt »weiße« und »*Asian*« Männer und Frauen, die mit beachtlichem Rhythmusgefühl und großer Eleganz tanzen, in allen möglichen Stilen, vom *Pas de deux* bis zum Milly Rock. Entscheidend sei nicht das Tanzen als solches. Worauf es ankomme, sei die Bedeutung, die bestimmte Gruppen dem Tanzen im Laufe der Zeit zugeschrieben haben.[37]

Das heißt nicht, dass »Schwarze« nicht den Jazz und den Blues erfunden und dadurch die Welt um großartige Kulturschätze bereichert hätten. Der Punkt ist nur, dass es eine bestimmte Gemeinschaft von Menschen an einem bestimmten Ort zu einer bestimmten Zeit war, die dies kraft tradierter Gewohnheiten, neuer Technologien und sozialer Umstände geleistet und dadurch Traditionen begründet hat. Und diese sind seither überwiegend, aber keineswegs ausschließlich, von nachfolgenden Generationen fortgeführt worden, die jener Gemeinschaft ähneln. Man muss sich diesen Leistungen oder Traditionen nicht weniger verbunden fühlen oder sie weniger wertschätzen, um neue Formen von Zugehörigkeit und gegenseitiger Anerkennung zu finden, die ohne essentialistischen Identitätsbegriff auskommen, ob nun biologisch

---

37 Ähnlich argumentiert der Soziologe Orlando Patterson in seinem Essay »Context and Choice in Ethnic Allegiance«, wenn er schreibt: »Wichtig im Hinblick auf amerikanische Juden ist nicht, dass sie samstags Schabbat feiern oder bestimmte eigentümliche Rituale oder Sozialisierungsmuster haben: wichtig sind die Funktionen dieser Rituale für die Gruppe – wie diese dafür verwendet werden, den Zusammenhalt der Gruppe zu sichern, eine bestimmte Identität zu bewahren und zu stärken und soziale Netzwerke und Kommunikationsmuster zu etablieren, die der Optimierung der sozioökonomischen Stellung der Gruppe in der Gesellschaft dienen. Eine Theorie ethnischer Kulturelemente und Symbole ist eine Absurdität, denn diese Symbole sind völlig willkürlich und für jeden Fall singulär.« Anders gesagt: Es könnte immer auch anders sein.

oder sozial konstruiert. Im Gegenteil: Man kann problemlos abstrakte Kategorisierungen nach *race* ablehnen *und* sich den wirklichen Gemeinschaften und den von ihnen gestifteten kulturellen Traditionen verbunden fühlen. Mein Vater schaltete selten die Stereoanlage an, aber wenn, legte er fast immer eine James-Brown-Platte auf. Ich liebe den Sound dieser Musik, und wenn ich »The Payback« höre, geht mir das unter die Haut und ich fühle mich in eine Tradition gestellt, die größer ist als wir beide. Die Verbindung ist eine der väterlichen und gemeinschaftlichen Abstammung und enorm bedeutsam; man muss sie nicht als etwas mystifizieren, das wesentlich mit *race* zu tun hat.

Ich bin mir des Unbehagens bewusst, das damit einhergeht, sich eine völlige Abwesenheit von *race* vorzustellen – und erlebe es von Zeit zu Zeit noch selbst. Ich bin mir auch bewusst, dass mein Meinungsaustausch mit B. eher theoretisch geblieben ist. Doch am Ende ihrer E-Mail an mich machte sie eine sehr konkrete und persönliche Anmerkung, die mich tief berührte. Sie schrieb von ihrem jahrzehntelangen Bemühen, als in der Schweiz aufgewachsenes Mädchen mit brauner Haut und krausen Haaren ihren eigenen Körper zu akzeptieren. Sie gestand, sich manchmal gewünscht zu haben, weiß zu sein, einfach nur, damit ihr Leben leichter wäre. Was sie gerettet und gestärkt habe, sei die Beschäftigung mit der Geschichte schwarzer klassischer Musiker und schwarzer Bürgerrechtler, mit Menschen wie Marian Anderson, W. E. B. Du Bois und Mary Church Terrell. Auch auf Beyoncé gestoßen zu sein, habe ihr geholfen. Wie könnte sie – nach all dieser Zeit der Anstrengung, die ihr von der westlichen Gesellschaft aufgebürdete *race* zu akzeptieren und umzudeuten – nun einfach aufhören, schwarz zu

sein? Worüber B. hier spricht, ist ihr Selbstbild. Der große, 2013 verstorbene Schriftsteller Albert Murray, dessen
Meisterwerk *The Omni-Americans* (1970) die Dreidimen-
sionalität des *Homo Americanus* – »teils erfinderischer
Yankee, teils Hinterwäldler/Indianer oder Kampfhahn der
Wildnis, teils Neger« – besser herausarbeitet als jeder
andere mir bekannte Text, war der Ansicht, die Verwendung so unwissenschaftlicher Bezeichnungen wie
»schwarz« und »weiß« sei heute nicht mehr hilfreich. Für
Murray vereinen Afroamerikaner (also die Menschen,
deren Kultur in den USA eine »wirklich indigene« ist) in
sich alle wesentlichen Identitäten und Erfahrungen und
stehen somit beispielhaft für das Mischlingswesenhafte
dieses Landes.

Aber Murray glaubte auch, dass Menschen durch Bilder leben und dass die vorherrschenden Bilder von
Schwarzen als unbedingte Opfer der White Supremacy
(wobei sich die Erkenntnis auf viele andere Gruppen
übertragen ließe) unzutreffend sind, egal wer sie erzeugt.
B. hat sich aus einem ungesunden, in rassistischer Zu-
rückweisung wurzelnden Selbstverständnis befreit und
aus den Biografien anderer Menschen Kraft geschöpft,
die ebenfalls als schwarz gelten, sich aber nicht haben
unterkriegen lassen.[38] Auf beeindruckende Weise hat sie

---

38 Beyoncés *race*-bezogene Botschaften sind bisweilen nuancenreich.
Das Video zu »Formation«, der ersten Single ihres Albums Lemonade,
ist ein surreales Amalgam aus Bildern aus Louisiana, die Hurrikane
Katrina heraufbeschwören und einen politischen Unterton haben.
Übernatürlich und unsinkbar hockt Beyoncé hier auf einem Polizeiau-
to und singt: »My daddy Alabama, Momma Louisiana / You mix that
Negro with that Creole make a Texas bama.« Nicht nur in dieser Anspielung auf ihre Eltern gibt Beyoncé zu erkennen, dass sie sich nicht
als rein schwarz definiert. In einer Werbung für L'Oréal wurde sie mal
als »Afroamerikanerin, Native American und Französin« beschrieben.

ihr Selbstbild verändert. Ich frage mich nur, warum solche Identifikationen ausschließlich oder auch nur vornehmlich als *race*-bezogene Identifikationen verstanden werden sollten. Es handelt sich doch um Männer und Frauen, deren Biografien und Werke alle möglichen Menschen inspirieren können und das auch tun, darunter zahlreiche nicht-schwarze. Genauso können sich Schwarze von allen möglichen Menschen inspirieren lassen, von Shakespeare bis Buddha, und tun es auch. Vorbilder und Inspirationen müssen nicht auf Identitätsgruppen beschränkt sein, die die Vorstellung von verschiedenen *races* am Leben erhalten. Wir können auch beschließen, unser Selbstverständnis zu erweitern und ein vollständigeres Bild der komplexen *conditio humana* zu zeichnen, die wir alle teilen.

So wie ein Kind seinen Körper nicht automatisch hasst, strukturiert es auch die Welt nicht automatisch unter dem Gesichtspunkt von *race*. Man lernt dies erst im Kontakt mit anderen Menschen. Es zu *verlernen* funktioniert auf dieselbe Weise, und durch eine gründliche und fortwährende Selbstreflexion. Das ist es, was B. gerettet hat, nicht etwa ein Bewusstsein für *race* an sich. Es kostete mich Monate des Nachdenkens über meine eigenen Vorurteile und Beschränktheiten, Monate des Grübelns über die Einwände von B., vor allem ihre letzten, die die Einwände von so vielen mir lieben Menschen sein könnten, bevor ich mich zu einer Antwort bereit fühlte. Dieses Nachdenken führte mich zurück zu Murray, der kein kulturelles Artefakt für so aufschlussreich hielt wie den Blues – im weitesten, außermusikalischen Sinne. Das Einzigartige dieses »Rüstzeugs fürs Leben« – nicht nur eine Musikrichtung, sondern eine von unbeugsamen Sklaven und ihren Nachfahren hervorgebrachte und ausgearbeitete Art der stoischen Philosophie, Kunst und

Ästhetik – liegt für Murray in der Kraft, existenzielle Begriffe umzuformen. Wahre Würde, also jene, die einem nie genommen werden kann, weil man sie sich nur selbst verleihen kann, resultiert für ihn daraus, das Kartenblatt, das man erhalten hat, zu akzeptieren und das Beste daraus zu machen. Und zu verstehen und zu akzeptieren, dass niemand, auch wenn es so scheinen mag, ein perfektes Blatt hat.

Was ich B. nun gern sagen würde, ist dasselbe, was ich meinen Kindern sagen will, wenn sie einmal älter sind. Es ist dasselbe, was ich mir sagen musste, als ich mich, nach 33 Jahren des Nichthinterfragens, schockiert durch den Anblick meiner Tochter, im Spiegel betrachtete und beschloss, dass die Gewohnheiten und Vorstellungen der Plantage – des Sklavenhalters – von nun an nicht mehr meine seien. Egal, welche guten Dinge sie auch hervorgebracht hatten. Die geistigen und kulturellen Errungenschaften, die uns Kraft gegeben haben, bleiben für immer die unseren. Doch der schreckliche Schwindel, der »Dreadful Deceit«, der darin besteht, diese Dinge mit *race* zu verknüpfen, ist eben das: eine Lüge, die nie eine edle Lüge sein wird.

Meine Hoffnung ist, dass möglichst viele Menschen aller Hautfarben und Haarstrukturen dem Irrglauben in Bezug auf *race* abschwören. Aber ich fände es keineswegs unangebracht, wenn Schwarze dabei vorangingen. Nicht nur könnten wir von der Dekonstruktion des amerikanischen Schwarz-Weiß-Dualismus am stärksten profitieren. Wir haben auch wenig Grund, darauf zu warten, dass alle oder auch nur die meisten so genannten Weißen mit an Bord sind. Alles, was B. anführte, zeigt doch nur, dass *race* – und die fiktive Kategorie des Schwarzseins, in die sie, wie mein Vater und ich, geworfen wurde – in ihrem Leben nur als ein zu lösendes *Problem* auftrat, das sie von anderen Dingen abgelenkt und ihr wertvolle geistige und seelische Kraft geraubt hat. Dass *race* keine Erfindung derer ist, die darunter am stärksten leiden, mag wie ein plausibler Einwand erscheinen. Doch sobald wir jene Wahrheit einmal akzeptiert haben, hilft er uns kaum weiter. Denn derjenige, der an einem Unrecht schuld ist, ist nicht unbedingt derjenige, der die daraus entstandenen Verletzungen am besten heilen kann. Der Essayist Coleman Hughes verdeutlicht das anhand der eindrücklichen, wenn auch schwer verdaulichen »Parabel der Fußgängerin«, die er dem Buch *Race, Wrongs, and Remedies* der Jura-Professorin Amy Wax entnommen hat. Ihm geht es um intergenerationelle Armut unter Schwarzen, doch als Gedankenexperiment taugt die Parabel auch für unsere Zwecke:

»Ein rücksichtsloser Autofahrer fährt bei Rot über eine Ampel und erfasst eine Fußgängerin, die eine Verletzung der Wirbelsäule erleidet. Die Ärzte sagen der Fußgängerin, sie müsse, um jemals wieder laufen zu können, viele beschwerliche Jahre mit Physiotherapie zubringen. Nun trägt sie eindeutig keine Schuld an ihrer Verletzung; sie wurde Opfer des rücksichtslosen Autofahrers. Und doch kann der Autofahrer sie nicht wieder gesund machen. Er kann vielleicht für die Kosten der Behandlung aufkommen, aber für sie nicht die mühsamen Physiotherapie-Sitzungen absolvieren. Das kann nur sie allein. Trotzdem könnte sie sich weigern. Sie könnte historische Abhandlungen darüber verfassen, wie und warum genau der Autofahrer sie verletzt hat. Wenn ihr Physiotherapeut von ihr verlangt, sich mehr anzustrengen, könnte sie ihm vorwerfen, dem Opfer die Schuld zu geben. Sie könnte sich in der Ungerechtigkeit all dessen suhlen. Aber es würde nichts ändern. Es liegt in der Natur ihrer Verletzung, dass niemand anderes als sie selbst diese Verletzung heilen kann.«

Die große und alte, aber nicht annähernd ewige Verletzung, die uns allen im Kontext von *race* zugefügt wurde – denn sie schadet tatsächlich uns allen, auch wenn sie den Schwarzen als Gruppe besonders heftig zugefügt wurde –, ist ihrem Wesen nach ein Unrecht. Das sollten wir anerkennen und wenn nötig beklagen. Aber vor allem sollten wir überlegen, wie wir es in Ordnung bringen können. Und ich kann mir keinen besseren ersten Schritt denken, als die Logik zurückzuweisen, die jene Verletzung verursacht hat und fortbestehen lässt.

Wer noch Zweifel an der Absurdität einer Kategorisierung nach *race* und der Durchlässigkeit vermeintlicher Grenzen hegt, mag die Familiengeschichte von Adrian Piper aufschlussreich finden. Adrian Margaret Smith Piper wurde 1948 im New Yorker Stadtteil Washington Heights geboren und wuchs dort und am Riverside Drive auf. Väterlicherseits blickt sie auf eine lange Ahnenreihe von Weißen und sehr hellhäutigen und glatthaarigen schwarzen Landbesitzern zurück. Ihre Mutter Olive ist das Kind von *mixed-race* Einwanderern aus Jamaika, die dort Plantagenbesitzer waren. Ihr Vater Daniel hat zwei unterschiedliche Geburtsurkunden: Die eine weist ihn als »weiß« aus, die andere, die seine Mutter als Korrektur verlangte, als »*octoroon*«, also zu einem Achtel schwarz. Pipers Großvater väterlicherseits, der ebenfalls Daniel hieß, ging nach der Geburt seines zweiten, etwas dunkleren Sohns Billy den umgekehrten Weg: Er verließ Frau und Kinder und zog gen Westen, um im Bundesstaat Washington eine neue, »weiße« Familie zu gründen. Pipers Großonkel William, der Bruder von Daniel Sr., lebte ein Leben als kaukasischer Mann von Rang und Namen: Er gründete die Piper Aircraft Corporation, wurde zum »Henry Ford der Luftfahrtindustrie« und auf einer Briefmarke verewigt und hinterließ ein Vermögen, das ausreichte, um seiner Alma Mater Harvard einen Hörsaal zu stiften.

Pipers Vater wuchs in besseren Verhältnissen auf als die meisten Amerikaner jeder Hautfarbe; er besuchte eine Privatschule in New York und war ein gutaussehender und beliebter Sportler. Doch in seinem Abschlussjahr beging er den Fehler, eine weiße Mitschülerin um ein Date zu bitten, worauf er öffentlich abgemahnt und aus der Basketballmannschaft geworfen wurde. In ihrer Autobiografie *Flucht nach Berlin* schreibt Piper, dieses Ereignis habe ihren Vater so traumatisiert, dass er für »den Rest des Jahres […] kein Wort mehr mit seinen Klassenkameraden und Lehrern [sprach]«. Als Soldat im Zweiten Weltkrieg ließ er sich bewusst als »kaukasisch« registrieren, weil er befürchtete, andernfalls keine Kampfeinsätze zu erleben. Doch der Rassismus, den er dann als »Weißer« mitbekam, empörte ihn so sehr, dass er nach der Rückkehr ins zivile Leben seine schwarze Identität nie mehr verleugnete.

Was aber ist *race*, wenn ein Mensch je nach Lebensabschnitt »schwarz« *oder* »weiß« sein kann? Wenn ich den Stammbaum meiner Mutter und die Facebook-Posts meiner Tante Shirley über unsere eingewanderten Vorfahren aus Deutschland betrachte, die sich hier emporgearbeitet haben, und mir dann auf Ancestry.com die Ahnenreihe meines Vaters ansehe und dabei in den Abgrund der Besitzsklaverei blicke, stimme ich zu, dass *race* kaum mehr ist als der Unterschied zwischen denen, die von Freien abstammen und denen, für die das nicht gilt. Aber mir ist auch bewusst, dass *ich* schon immer frei war und es bin und auch beabsichtige, es zu bleiben. Warum also sollte ich zulassen, dass die Sichtweise des Sklavenhalters *mich* definiert? Warum sollten *Sie* das zulassen?

Erst bei einem Abendessen mit Piper in einem Berliner Restaurant in den Räumen einer früheren jüdischen Mädchenschule – lange nachdem ich angefangen hatte, mich mit den »*race*-bezogenen« Veränderungen meiner eigenen Familie zu beschäftigen – wurde mir klar, dass wahre, innere, geistige Freiheit nichts ist, das andere Menschen einem schenken. Sondern etwas, das man nur selber erringen kann. Das man sich aus Überzeugung aneignen muss, so man sich diese Freiheit denn wünscht. Jedes Kind weiß, dass Hohn und Spott erntet, wer sich nach seinen eigenen Vorstellungen definiert. Wer sich so selbst erschafft, ignoriert die Mechanismen von Konformität und Kontrolle.

An jenem Abend in Berlin erschien mir Pipers »Ruhestand« nicht mehr nur eine künstlerische Geste oder Form von Exzentrik zu sein, sondern eine Manifestation dessen, wozu Camus uns auffordert: Ihr selbstbestimmtes Leben *war* ein Akt extremer Revolte im Angesicht des Rassismus – dieses weltweit wütenden Flächenbrands, dessen Sauerstoff vor allem der Glaube an *race*, also an eine Fiktion ist.

Was mich hatte zögern, mich an meinem Selbstverständnis als »Schwarzer« hatte festhalten, mich gegen alle Logik masochistisch die Ein-Tropfen-Regel hatte akzeptieren lassen, war das unbestimmte Gefühl, einem früheren Leid verpflichtet zu sein. Eine Art Schuldgefühl. Andere vor mir, Menschen, die unsägliches Leid erlitten hatten und denen ich zumindest teilweise buchstäblich mein Leben verdankte, hatten das Etikett »schwarz« (oder dessen abfällige Vorläufer) verpasst bekommen und es trotzdem geschafft, zu triumphieren. Sie hatten zum

Teil Wunderbares daraus gemacht. Ihre Lebensgeschichten haben mich inspiriert und tun es noch immer. Und so schwor ich diesem Etikett die Treue, weil ich den Schmerz wie auch den Triumph ehren wollte. Ich wollte beides nicht vergessen.

Piper und ich hatten uns schon stundenlang unterhalten und diese Skrupel nagten an mir, als ich ihr das Foto von Marlow zeigte, das ich als Bildschirmhintergrund auf meinem iPhone habe. Darauf ist sie drei Jahre alt, steht in Schweden auf einem Steg und schaut über die wogende Ostsee. Ihre Haut ist elfenbeinfarben, ihre Augen ähneln dem klaren Blau des Wassers, und über ihren Halsausschnitt fließt diese goldene, mich immer wieder verstörende Lockenpracht.

Und immer wieder denke ich fassungslos daran, dass Marlow – wie mein Vater und ich, aber anders als meine Frau oder meine Mutter – in nicht allzu ferner Vergangenheit von Menschen, die aussahen wie sie, versklavt worden wäre. Piper lächelte, als sie das Foto sah, und hörte mir zu, als ich zu erklären versuchte, dass mich der Gedanke beunruhigt, Marlow könne sich nicht ebenfalls schuldig fühlen.

»Aber warum sollten Sie das wollen?«, fragte sie sachlich. »Wenn es den Schmerz und das Schuldgefühl nicht gibt, warum beides einführen?« Diese so schlicht formulierte und scheinbar so schwer zu beantwortende Frage überraschte mich. Niemand, mit dem ich mich je unterhalten hatte – schon gar niemand, der schwarz oder, was das angeht, jüdisch war – hatte die Prämisse einer Treuepflicht gegenüber dem Schmerz einfach zurückgewiesen. Warum eigentlich nicht? Es erinnerte mich an einen Gedanken von Richard Wright: Jede Stunde, die ein Mensch um seine Freiheit kämpft, ist eine Stunde, in der er nicht frei ist.

Ich saß da und starrte auf meinen Teller. Schließlich

sagte ich Piper, dass sie Recht habe und auch ich mich, nicht zuletzt durch ihr Beispiel ermutigt, sozusagen von *race* zurückziehen würde. Aus diesem falschen und grausamen Spiel aussteigen.

Als wir uns voneinander verabschiedet hatten und ich vom Restaurant zu meinem Hotel ging, fiel mir auf, dass sich in mir nichts verändert hatte – jedenfalls nichts, das für mein Selbstverständnis elementar war. Meine Liebe zur Kultur meiner Familie und meine Zugehörigkeitsgefühle hatten Bestand. Ebenso meine Werte. Es waren die Liebe, die Zugehörigkeitsgefühle und die Werte, die ich meiner Tochter vermitteln werde. Doch das Schuldgefühl und den Schmerz einer künstlichen, von außen aufgebürdeten Identität werde ich nicht willentlich an sie weitergeben. Denn der Glaube an diese Identität hat einer Hälfte meiner Vorfahren geschadet, seit der erste von ihnen dem Schiff aus Afrika entstiegen ist, und die andere, die europäische Hälfte, die sich bewusst in Abgrenzung von dieser Identität definierte, entstellt.

Obwohl niemand sonst auf dieser für die Jahreszeit ungewöhnlich warmen und belebten Kopfsteinpflasterstraße in Berlin-Mitte irgendeine Verwandlung hätte feststellen können, begriff ich, dass ich nicht mehr der war, als der ich das Restaurant an diesem Abend betreten hatte. So blöd es sich anhört: Allein Pipers Hinterfragen einer Prämisse, die mir nicht hinterfragbar schien, hatte etwas in mir gelöst. Der Titel dieses Kapitels, der für mich bis dahin nur abstrakten Sinn ergeben hatte – auch als er sich noch völlig verboten anhörte –, kam mir nun ganz selbstverständlich vor. Ich war an diesem Abend zu einem Ex-Schwarzen geworden. Nicht weil ich aufgehört hätte, das zu lieben, was man mich »schwarz« zu nennen gelehrt hat, oder weil ich nun wünschte, meine Tochter würde sich in das fügen, was man mich »weiß« zu nennen gelehrt hat. Sondern schlicht deshalb, weil diese Kategorien uns beiden nicht gerecht werden – und auch sonst niemandem. Ich hatte deswegen kein schlechtes Gewissen mehr, denn Schwarzsein, genau wie Weißsein, gibt es nicht.

EPILOG

Umrisse einer anbrechenden Zeit

Vor einigen Jahren hatte ich einen wiederkehrenden Tagtraum. Wir sind mehrere Jahrzehnte in der Zukunft, und da ist diese junge Frau mit blasser Haut, blonden Haaren und hellblauen Augen. Sie sitzt irgendwo in Europa am Tisch eines Cafés, zusammen mit anderen Leuten, vielleicht Arbeitskollegen, und erwähnt ganz beiläufig – in dem leidenschaftslosen Ton, in dem ein Klassenkamerad an meiner katholischen Schule mal anmerkte, er habe einen Schuss Cherokee- oder Irokesenblut in sich –, dass sie, so unwahrscheinlich das klinge, schwarze Vorfahren in den USA habe. Sie sagt es nüchtern, ohne größere Regung. Ich stelle mir die leichte Überraschung der Umsitzenden vor, vielleicht gibt es ein Stirnrunzeln oder nicht mal das; wenn ich mich quälen will, erkenne ich ein spöttisches Schmunzeln oder Kichern. Dann sehe ich zu meinem Entsetzen, wie das Gespräch nicht etwa hitzig oder hässlich oder etwas dergleichen wird, sondern sich einfach anderen, banaleren Themen zuwendet. Plänen fürs Wochenende oder Fragen der Getränkebestellung. Ich sehe, wie sich in einer einzigen Plauderei ein Kampf, eine ganze Kultur, die ganze lebendige Welt meiner Vorfahren, die auch die meine ist, einfach in nichts auflöst. Ich sehe eine potentielle Marlow, die ich nicht mehr wiedererkennen würde.

Bis heute befällt mich manchmal noch eine gewisse

169

Panik. Zum einen dann, wenn ich mich frage, ob ich zusammen mit meinem Bruder tatsächlich die Kultur oder die Geisteshaltung oder die Physiognomie oder, ja, die »*race*« einer ganzen Abstammungslinie für immer verändert habe, so wie ein Güterzug, der langsam, aber endgültig die Gleise wechselt. Zum anderen ist da das nagende Unbehagen desjenigen, der sich eines unverdienten Vorteils bewusst ist. Es ist unmöglich, das *nicht* zu empfinden. In Zeiten, in denen Schwarzsein – besonders in der Kombination mit Armut und ihren kulturellen Begleiterscheinungen – trotz enormer gesellschaftlicher Fortschritte weiterhin damit einhergeht, alle möglichen Formen von Verletzung und Missachtung zu erfahren; in denen als schwarz wahrgenommene Menschen weiterhin angehalten, durchsucht, belauert, schikaniert, erdrosselt und am helllichten Tag von Kugeln durchsiebt werden – was bedeutet es da, einem Schicksal entkommen zu sein? Oder geradeheraus gefragt: Welchen Wert hat Nähe zu dem, was als Weißsein gilt, und welchen Preis zahlt man für Farbigkeit? Und umgekehrt?

Es sind Fragen, die zu beantworten ich noch lerne. Mit der jüngsten Geburt meines zweiten Kindes, Saul, eines sechs Wochen alten venezianisch blonden Jungen, der noch blauere Augen hat als seine Schwester, kommen Aspekte der Geschlechterrolle hinzu. Vermutlich wird es etwas ganz anderes sein, einen als weiß geltenden *Jungen* großzuziehen. Aber ich habe auch gelernt, diese Fragen nun anders zu stellen. Ich gestehe mir selbst – aber immer öfter auch anderen, wenn sie mich fragen – allmählich ein, dass ich mich weder dem Weißsein noch dem Schwarzsein nahe fühle, sondern der Familie und Freunden, also leibhaftigen Menschen unterschiedlicher Hautfarbe und Herkunft, nicht mehr und nicht weniger. »Aber jeder Narr sieht doch, dass Weiße nicht wirklich weiß und

Schwarze nicht wirklich schwarz sind.« Es lohnt sich, Albert Murrays Auffassung zu wiederholen, auf der ich umso selbstbewusster beharre, je klarer sich meine Familienwirklichkeit abzeichnet. Ich bin wild entschlossen, mit dieser Art kindlicher Narrheit zu leben. Es ist das einzige mir bekannte Gegengift für die toxische Unwahrhaftigkeit einer Erwachsenenwelt, die Menschen mittels Farbmetaphern faktisch in Kasten einteilt – in Farbkasten, die sogar manche Antirassisten dazu verleiten, jenes fehlerhafte und schädliche Begriffsschema noch zu verfestigen.

Mit seiner Beschreibung der doppelten Misere antikommunistischer Dissidenten hat Ryszard Kapuściński eindrücklich angedeutet, welche subtile Gefahr jenen von uns droht, die sich zwar gegen Rassismus wenden, aber – und sei es nur um des Arguments willen – weiterhin die zweifelhafte Prämisse der *race* akzeptieren. »Über dieses Thema kann [der Dissident] stundenlang mit Leidenschaft diskutieren«, schreibt Kapuściński, »Programme verfassen, Vorschläge unterbreiten und Pläne schmieden, ohne sich klar zu machen, dass er dadurch erneut ein Opfer des Kommunismus wird: Beim ersten Mal war er zwangsweise zu seinem Opfer geworden, vom System eingesperrt; nun aber wird er freiwillig zum Opfer, weil er sich selbst in den Problemzusammenhang des Kommunismus verstrickt. Denn das ist das teuflische Wesen alles Bösen – dass es uns ohne unser Wissen und Einverständnis blenden und in seine Zwangsjacke stecken kann.« Ersetzt man »Kommunismus« hier durch »*race*«, gelangen wir zu einer analogen Erkenntnis über das Wesen eines noch größeren, uns alle verführenden Systems des »Bösen«. Vielleicht macht es den Grundgedanken dahinter sogar noch deutlicher: Selbst mit größtem Bemühen kann man keine Zwangsjacke loswerden, die es nicht gibt. So zu tun, als gäbe es sie – aus welchen Gründen auch immer –, zwingt einen in eine Haltung mit stark eingeschränkter Bewegungsfreiheit. Ich aber möchte aufrecht dastehen und mich völlig frei bewegen können.

Inzwischen weiß ich, dass ich den Problemzusammenhang, den unsere Gesellschaft »race« nennt – jenes so übliche wie gefährliche Denken, das Menschen in Weiß und Schwarz, frei und unfrei einteilt –, früher nicht einfach nur geduldet habe. Ich habe mich diesem Denken unterworfen, es in gewisser Hinsicht geradezu *gebraucht*, selbst als ich schon ahnte, dass es heillos verfehlt war. Baldwin schreibt, es sei so viel leichter, in einem lauwarmen Bad liegen zu bleiben, als aufzustehen und Dinge hinter sich zu lassen. Er hat Recht, aber um meiner Kinder willen kann ich nicht länger zaudern. Was mir heute in Momenten des Zweifels hilft, ist diese eine Denkbewegung, in die ich unweigerlich immer wieder verfalle: weg vom Abstrakten, Allgemeinen und Hypothetischen, hinein ins zerklüftete Hier und Jetzt, in die humanisierende Besonderheit meiner Liebe zu meinem Vater, meiner Mutter, meinem Bruder, meiner Frau und meinen Kindern. Hinein in meine pure Freude über ihre einzigartige Existenz als Menschen, nicht als »Körper« – wie es im gegenwärtigen Fachjargon hieße – oder Avatare, als Träger von *racial* Eigenschaften oder Wiedergeburten vergangener Konflikte und Vorurteile. Durch diese Menschen, die ich liebe, bin auch ich ein solcher: ein Mensch, der freie Entscheidungen treffen kann und getroffen hat und der sich nicht auf eine Reihe historischer Umstände und Fehler reduzieren lässt.

Wenige Wochen nach Sauls Geburt verbrachten Valentine und ich mehrere Wochen in einem angemieteten alten Haus im Luberon in der Provence. Zahlreiche Verwandte und Freunde besuchten uns dort, um das Baby kennenzulernen, zu schwimmen und die kühlen Morgen und sternenklaren Abende auf der Terrasse zu verbringen, mit Blick auf ein Tal voller Weinberge und Schirmkiefern. Schwarze (unterschiedlichster Mischung), Juden, Nichtjuden, Araber, Asiaten, französische Muttersprachler (einige mit Wurzeln in ehemaligen Kolonien, einige mit dem Adelsprädikat »de« im Namen) sowie stinknormale Amerikaner gaben sich ein Stelldichein, brachen Brot, tranken denselben Wein. Das Besondere war, wie normal und natürlich das alles in dieser schrecklich tribalistischen Welt schien. Ich weiß nicht, ob ich je dahin komme – oder es mir überhaupt wünschen sollte –, all die ethnischen und sozialen Unterschiede zwischen uns nicht mehr wahrzunehmen. Aber ich lasse nun nicht mehr zu, dass diese Unterschiede unsere Unterhaltungen beherrschen.

Dort im Luberon schnallte ich mir morgens oft Saul vor die Brust und ging die Terrasse auf und ab, um ihn zu beruhigen, während Valentine etwas von dem Schlaf nachholte, um den sie in der Nacht durch das Stillen gebracht worden war. Eines Morgens las ich, während meine Schritte meinen Sohn in den Schlaf lullten, Camus. Die Gebirgskette des Luberon, die meinen Ausblick einrahmte, wäre dem großen Schriftsteller vertraut gewesen. Nach einer ärmlichen Kindheit in Algerien, seinem kometenhaften Aufstieg in Paris und wenige Jahre, bevor er bei einem schweren Autounfall ums Leben kam, erwarb Camus mit dem Geld, das ihm der Literaturnobelpreis eingebracht hatte, ein Haus im nahegelegenen Städtchen Lourmarin. Eine schlichte Steinplatte markiert dort, auf dem sonnigsten Friedhof, den ich kenne, sein Grab. Die Elemente haben seinen Namen darauf fast ausgelöscht, aber immer, wenn wir in der Nähe sind, suchen wir das Grab auf und verneigen uns. Auch am Vortag waren wir am Grab gewesen, und ich trug Saul herum und schützte dabei mit einer Hand seine fast durchsichtige Haut vor der sengenden Sonne, während ich auf dem Smartphone, das ich in der andern hielt, über eine Zeile von Camus scrollte. »Das Elend hinderte mich zu glauben, dass alles unter der Sonne und in der Geschichte gut sei«, schrieb er, und »die Sonne lehrte mich, dass die Geschichte nicht alles ist.«

Die lauten und aufdringlichen Stimmen, die den Diskurs über *race* heute dominieren, sind von so einer weisen, differenzierten Auffassung weit entfernt. Vielmehr scheinen sie alle William Faulkners nicht völlig falsche Ansicht zu teilen, das Vergangene sei nicht tot, ja nicht einmal vergangen (wobei Faulkner selbst heute als problematisch gelten dürfte). Geschichte sei überall und um uns herum, gemahnen uns diese Stimmen und verweisen mit fast schon masochistischer Freude auf vergangene Verbrechen: Die USA wurzelten in der dreifachen Sünde von Sklaverei, Völkermord und Landraub. Die Mehrheit der Welt lebe unter dem Joch des europäischen Kolonialismus. Überall würden die Armen auf dem Altar des Kapitalismus geopfert. Die Pest der White Supremacy, die in den USA und in Europa um sich greife, werde nie völlig verschwinden, sondern höchstens – wie Camus mahnte – eine Weile stillhalten. All das ist wahr. Oder zumindest teilweise, denn die störrische Wirklichkeit ist immer komplizierter. Trotzdem übersieht die Auffassung, wir unterlägen den Zwängen unzähliger begangener Taten und getroffener Entscheidungen, etwas ebenso Wahres, das Camus sehr wohl begriffen hat und das mir in jenem Moment fast körperlich spürbar einleuchtete. Geschichtskenntnisse können wertvoll sein. Zum Beispiel verstehe ich, welche Umstände dazu führten, dass mein Vater von seinen Eltern ein geringeres Vermögen geerbt hat als meine Mutter von ihren. Das hilft mir bei der Beurteilung politischer Entscheidungen und historischer Entwicklungen. Und es lässt mich demütig werden, wenn ich mir vorstelle, was mein Vater durchgemacht hat, als er sich gegen dieses gewaltige kollektive Unrecht stemmte, damit seine Kinder es einmal besser haben. Doch die Nützlichkeit geschichtlichen Wissens wird stark geschmälert, wenn es um sich selbst kreist und dadurch die Gegenwart verdüstert – die Chancen und Schönheiten, die das Hier und Jetzt als solches birgt. Ja, wir haben die Verantwortung, uns zu erinnern. Aber wir haben auch das Recht und, wie ich glaube, sogar die Pflicht, uns ständig neu zu erfinden.

Es gibt ein uraltes philosophisches Gedankenexperiment, das sogenannte Theseus-Paradox. Es handelt von einer Galeere des Theseus, des sagenhaften Königs von Athen, die im Hafen der Stadt vor Anker lag. Das Schiff wurde seetüchtig gehalten, indem man alte Planken ständig durch neue ersetzte, eine nach der anderen, bis sich unweigerlich die Frage stellte: Handelt es sich, nachdem alle ursprünglichen Planken ausgetauscht wurden, überhaupt noch um *dasselbe* Schiff? Ich kenne dieses Paradox seit dem College, aber inzwischen verfolgt es mich, und zwar ungefähr seit ich erstmals diesen Tagtraum von der jungen Frau hatte, die in der Zukunft an einem Café-Tisch sitzt und Bekannten von ihrer Abstammung erzählt. *Wird es noch dasselbe Schiff sein?* Ich habe die Frage mal einem alten Freund aus Kindertagen gestellt, als wir im Garten meiner Eltern in New Jersey saßen und Marlow auf dem Rasen spielte. Mein Freund, der »schwarz« ist (obwohl ebenfalls erheblich »*mixed*«), dachte nach und antwortete, er sehe da wohl oder übel ein anderes Schiff. Doch die Frage ist eine Falle. Die Antwort hängt davon ab, was man sieht, wenn man das Schiff betrachtet:

Glaubt man, Hautfarbe sei etwas Wesentliches (oder gar Bedeutsames)? Oder ist man bereit zu erwägen, dass jede Hautfarbe, die man zu sehen glaubt, nur das Ergebnis des Wahrnehmungsaktes ist?

Es vergeht kein Tag, an dem ich mir nicht vorzustellen versuche, zu welchem Mensch meine Tochter – und jetzt auch mein Sohn – wird. An welchen Orten sie sich zu Hause fühlen und welche Wahrnehmung sie entwickeln wird. Und was ich dieser Marlow der Zukunft sagen möchte, ist: Wir sollten nie dem Drang nachgeben, Unterschiede einzuebnen oder uns selbst zu verleugnen oder uns in Abgrenzung zu anderen zu definieren. Wir müssen immer auf Seiten derer stehen, die Vielfalt schätzen und kultivieren, die Unterschiede akzeptieren, ohne sie zu fetischisieren. Wir müssen uns immer wieder auf eigene Vorurteile hin prüfen. Ich würde sie an ein weiteres uraltes Experiment erinnern: Nimm ein Huhn, drücke seinen Kopf zu Boden und ziehe mit einem Stock eine Linie um das Tier; lässt du es wieder los, bleibt es, wo es ist, hypnotisiert und unfähig, sich zu bewegen, obwohl es eigentlich frei ist und flüchten könnte. Ich würde dieser Marlow der Zukunft erklären, dass wir keine Hühner sind. Dass uns die Vergangenheit, deren verblassende Linien uns umgeben, nicht lähmen kann, wenn wir es nicht zulassen. Ich wünschte, sie würde wissen, dass es, je länger sie lebt, immer mehr Menschen wie sie geben wird – Menschen, die mehr sind, als es auf den ersten Blick scheint. Wie würde unser aller Leben wohl aussehen, wenn sie und wir Übrigen, die wir ebenfalls dazu bereit sind, beschließen würden, uns aufzuraffen und all das hinter uns zu lassen?

DANKSAGUNGEN

Ich schrieb seit drei Jahren an einem Roman (vielleicht war er schlecht konzipiert, oder mir fehlten nur noch die handwerklichen Mittel, das eigentlich gute Konzept umzusetzen), als meine Tochter Marlow im Oktober 2013 zur Welt kam. Ich hatte damit gerechnet, noch drei weitere Jahre zu brauchen, um irgendwie auf einen grünen Zweig zu kommen. Aber durch Marlows Geburt verlagerte sich mein Hauptaugenmerk fast schlagartig. Schon bald arbeitete ich an einem Essay über einige der Fragen, die ihre Gegenwart in mir aufgeworfen hatte. Ich legte den Roman beiseite und veröffentlichte schließlich im Winter 2015 »Black and Blue and Blond« in der *Virginia Quarterly Review*. Ich habe weitere vier Jahre gebraucht, um diesen Essay zu diesem Buch auszuarbeiten, und bin mir sicher, dass ich dafür als Ehemann, Sohn, Bruder, Vater und nicht zuletzt als Autor erst reifen musste. Insofern wäre dieses Buch ohne Marlow und ihren kleinen Bruder Saul nicht denkbar.

Neben meinen Kindern habe ich meiner Frau Valentine zu danken: für ihre nahezu grenzenlose Geduld und Neugier, ihre unerschütterliche Unterstützung und ihre oft sehr gesunde Skepsis beim Besprechen der Ideen dieses Buches. Aber auch für die Erlaubnis, unsere eigene und ihre elterliche Familie im Zusammenhang mit einem so heiklen Thema ganz ungeschminkt porträtieren zu dürfen. Das ist kein leichtes Zugeständnis, und sie hat nie versucht, auch nur ein einziges Wort zu zensieren.

Wie weit ich mich auch entferne, gehe ich doch – wie es bei Novalis heißt – »immer nach Hause«. Es gibt gewisse prägende Eindrücke, Erkenntnisse und innere Konflikte, denen ich, das ist mir inzwischen klar, nie entwachsen werde. Meinem Vater und auch meiner Mutter verdanke ich eines meiner Lebensthemen, dazu mein Selbstvertrauen und meine Erziehung. Obendrein waren sie mir, was das Thema *race* angeht, theoretisch wie praktisch ein Vorbild in Sachen Transzendenz. Big Ups auch an meinen Bruder Clarence dafür, diesen Weg mit mir gegangen zu sein.

Ich weiß nicht, ob besagter Essay über sein Anfangsstadium hinausgekommen wäre, hätte es die Unterstützung, Ermutigung und hilfreichen redaktionellen Anmerkungen von Ralph Eubanks bei der *VQR* nicht gegeben. Außerdem danke ich Jonathan Franzen, der sich die Zeit nahm, »Black and Blue and Blond« zu lesen und der den Text in den Sammelband *The Best American Essays 2016* aufgenommen hat. Das war ein entscheidender Motivationsschub für mich, als ich an meinem Exposé saß und über mein weiteres Vorgehen sinnierte.

Manche Exposés sind schwieriger zu schreiben als andere, und dieses war nicht leicht. Ich kann mir keinen besseren, netteren oder tüchtigeren Agenten denken als Adam Eaglin von *Cheney Literary*. Er ist nicht nur Literaturagent, sondern auch ein begnadeter Lektor. Wir sind Dutzende von Entwürfen gemeinsam durchgegangen, und all diese Durchgänge waren schmerzhaft, haben das Buch aber auch sehr viel stärker gemacht.

Dank gebührt auch John Glusman von *W. W. Norton and Company*, der nicht nur von der ersten Minute an dieses Projekt geglaubt, sondern sich auch in einer Verlagssaison für das Buch starkgemacht hat, in der einige Ideen darin dem allgemeinen Konsens zuwiderliefen.

Dass es fertig wurde, lag auch an Johns Geduld, Finger-spitzengefühl und seinem sanften Ansporn, wenn die Launen des Schicksals mich mal wieder in Verzug brachten – von seinen klugen inhaltlichen Anmerkungen ganz zu schweigen.

Zu großem Dank bin ich George Packer und Yasha Mounk verpflichtet, zwei außerordentlich großmütigen und verständnisvollen frühen Lesern, deren schnelle Rückmeldungen es mir ermöglichten, einige verbleibende Probleme zu lösen, die ich selbst nicht klar erkannt hatte.

Ich möchte allen Verantwortlichen der *MacDowell Colony*, der *American Academy in Berlin* und von *New America* danken. Die Unterstützung, die mir diese Institutionen gewährt haben, hat mein Leben verändert, und die dort tätigen Frauen und Männer haben weit mehr als ihre Pflicht getan und sind zu Freunden geworden.

Die journalistischen Texte, die ich während meiner Arbeit an diesem Buch schreiben konnte, haben mich stark geprägt, und einige Ideen, die ich zunächst in kürzeren Artikeln erprobt habe, fanden Eingang in dieses Buch. Redakteure, Korrektoren und Fakten-Checker leisten enorme und selbstlose Beiträge zu Werken, für die andere die Lorbeeren einheimsen. Daher möchte ich ausdrücklich den großartigen Redaktionen des *New York Times Magazine*, der Meinungsseite der *New York Times*, des *American Scholar* und der *London Review of Books* danken.

Ein Dank geht auch an alte wie neue Freunde und Mitstreiter, die mich in den vergangenen Jahren intellektuell und emotional unterstützt und so, im Kleinen wie im Großen, zur Fertigstellung dieses Buchs beigetragen haben: Joshua Yaffa, Kati Marton, Glenn Loury, Jake Lamar, Lauren Collins, Daniel Bergner und so viele andere, die nicht in dieser Branche tätig sind, mich aber stark beeinflusst haben.

Zu guter Letzt ein Dank an Tom Mayer: dafür, dass du Josh und mir an jenem Abend ein paar Whiskeys spendiert hast, so dass John meinen Namen auf der Spesenrechnung lesen und dich fragen konnte, ob ich gerade an irgendetwas arbeiten würde. Keine Ahnung, wie viele Runden es mich kosten wird, das zu begleichen!

Bücher, aus denen zitiert wurde:

James Baldwin, *Schwarz und Weiß oder Was es heißt, ein Amerikaner zu sein. 11 Essays*, aus dem Amerikanischen von Leonharda Gescher-Ringelnatz, Rowohlt, Reinbek bei Hamburg 1963.

Ralph Ellison, *Der unsichtbare Mann,* aus dem Amerikanischen von Georg Goyert, vollständig neu überarbeitet von Hans-Christian Oeser, Aufbau Verlag, Berlin 2019.

Zadie Smith, *Freiheiten. Essays*, aus dem Englischen von Tanja Handels, Kiepenheuer & Witsch, Köln 2019.

Ta-Nehisi Coates, *We were eight years in power. Eine amerikanische Tragödie*, aus dem Amerikanischen von Britt Somann-Jung, Hanser, Berlin 2018.

W. E. B. Du Bois, *Die Seelen der Schwarzen*, aus dem Amerikanischen von Jürgen und Barbara Meyer-Wendt, Orange Press, Freiburg 2004.

Eldridge Cleaver, *Seele auf Eis.* aus dem Amerikanischen von Céline Bastian und Heiner Bastian, Hanser, München 1969.

Zadie Smith, *Sinneswechsel. Gelegenheitsessays*, aus dem Englischen von Tanja Handels, Kiepenheuer & Witsch, Köln 2015.

Ta-Nehisi Coates, *Zwischen mir und der Welt*, aus dem Amerikanischen von Miriam Mandelkow, Hanser, Berlin 2016.

Adrian Piper, *Escape To Berlin*, englisch/deutsch, aus dem Amerikanischen von Suzanne Schmidt, APRA Foundation Berlin, Berlin 2018.

Albert Camus, *Kleine Prosa*, aus dem Französischen von Guido M. Meister, Rowohlt, Reinbek bei Hamburg 1961.

Aus der Reihe Critica Diabolis

http://www.edition-tiamat.de